KB202875

백유경

큰글씨 한글경전
백유경

2021년 7월 30일   초판 1쇄 발행

지은이   경전연구모임
펴낸이   이규만
디자인   B&D
펴낸곳   불교시대사

출판등록   1991년 3월 20일 제300-1991-27 호
주소   (우)03149 서울시 종로구 인사동 7길 12 백상빌딩 1305호
전화   02 - 730 - 2500
팩스   02 - 723 - 5961
이메일   kyoon1003@hanmail.net

ISBN 978-89-8002-172-7   04220
ISBN 978-89-8002-161-1   04220(세트)

백유경

경전연구모임

불교시대사
1% 나눔의 기쁨

책머리에

....

   사람에게는 사람의 길이 있고, 축생에게는 축생의 길이 있다. 사람의 길은, 비록 몸을 진흙탕 속에 빠뜨렸더라도 생각은 늘 바르고 높게 가지려고 한다.

   그러나 축생들은 사람과 다르다. 그들은 생각할 능력이 없고 지혜가 부족하기 때문에 모든 것을 본능에 내맡긴다. 먹이가 있으면 우선 자기 배부터 채우려 하고, 남을 이기기 위해서는 언제나 이빨을 내놓고 으르렁거린다. 힘센 동물을 만나면 꼬리를 내리고 약한 상대를 만나면 두 눈을 부라리면서 으스댄다. 화부터 먼저 내고, 아귀처럼 욕심을 부린다 해도 축생의 세계에서는 전혀 허물이 되지 않는다.

사람이 사는 법과 축생이 사는 법이 이렇게 판이한데도 요즘 세상을 보면 사람이 사람으로 살기보다는 축생으로 살기를 작정한 사람이 더 많은 것 같다. 겉모습은 분명히 사람의 모습이지만 사는 꼴은 축생의 그것을 닮아가고 있다. 그들은 축생처럼 사는 것이 사람이 사는 방법인 줄 안다.

불교의 《백유경》은 사람이란 이름의 축생으로 살아가는 어리석은 중생들에게 큰 깨우침과 교훈을 주는 경전이다. 인도의 상가세나 (Saṅghasena,승가사나 僧伽斯那) 스님이 여러 경전 가운데서 재미있는 우화 백여 가지(정확하게는 98가지)를 가려 뽑아 편찬한 이 경전은 사람들의 어리석음을 꼬집는 내용으로 가득하다. 그래서 이 경은 492년(南齊의 武帝10년) 중인도 출신의 구나브릿디(Guṇavṛddhi, 求那毘地) 스님에 의해 중국어로 번역된 이래 많은 사람들에 의해 널리 읽혀져 왔다.

이 경의 매력은 무엇보다도 재미있고 읽기 쉽다는 데 있다. 이솝의 우화는 동물을 주인공으로 하고 있지만 이 경의 우화는 사람이 주인공이어서 훨씬 더 친밀감을 느끼게 한다. 사람들은 이 경을 읽으면서 '이런 미련하고 어리석기가 축생보다 못한 사람 같으니….' 하고 혀를 끌끌 찬다. 그런 뒤 책장을 덮고 나면 그 어리석은 사람이 바로 자기 자신임을 깨닫게 된다. 이

경이 단순한 재미 이상의 교훈적 감동을 주는
이유도 여기에 있다.

차례
....

백유경

▨ 어리석은 사람 소금 먹기

어떤 사람이 초대를 받아 친구 집을 방문하게 되었다. 친구는 여러 가지 음식을 차려 내놓았는데, 부엌에서 일하는 사람이 간을 못 맞춰 조금 싱거웠다.

"음식이 너무 싱거워 맛이 없네."

그가 불평을 하자 친구는 미안해하면서 음식에 소금을 뿌려 간을 맞췄다. 그때서야 음식을 맛있게 먹을 수 있었다. 그리고 이렇게 생각했다.

'내가 음식을 맛있게 먹은 것은 소금 때문이었다. 주인이 간을 맞추느라고 소금을 조금만 넣었는데도 그렇게 맛있었으니 많이 넣으면 얼마나 맛있을까?'

집으로 돌아온 그는 그 후부터 음식을 먹

을 때 무조건 소금을 많이 넣었다. 그러나 소금을 아무리 뿌려도 친구 집에서 먹은 그런 음식 맛이 나질 않았다. 그는 자기가 소금을 덜 넣어서 그런 줄 알고 점점 더 많이 넣었다. 그러면 그럴수록 음식은 점점 더 맛이 없어졌다.

나중에 그는 완전히 입맛을 잃어버리고 도리어 병만 얻게 되었다.

소금은 음식을 만드는데 절대로 없어서는 안 되는 재료이지만 그렇다고 지나치게 많이 사용하는 것도 안 되는 것이다.

사람의 몸은 염분을 어느 정도는 가지고 있어야 제 기능을 발휘할 수 있다. 격하게 운동을 하고 땀을 많이 흘리고 나면 염분을 보충해주듯이 적절한 염분을 섭취하는 게 몸에 이롭다

2 바보의 우유 저장법

젖소 한 마리를 키우는 사람이 있었다. 그는 매일같이 우유를 짜서 식구들과 함께 맛있게 먹었다.

어느 날 그는 손님을 초대해 맛있는 우유를 대접하기로 했다. 손님을 대접하려면 많은 양의 우유가 필요했다. 그 우유를 어떻게 마련할까 궁리하던 끝에 문득 하나의 묘안을 떠올렸다.

'내가 날마다 우유를 짜서 모아 두려고 해도 어디 모아 둘 곳이 마땅치 않다. 또 귀찮기도 하다. 뿐만 아니라 맛도 변해 못 먹게 될지도 모른다. 그러니 우유를 짜지 말고 차라리 며칠 동안 소 뱃속에 저장해 두었다가 한꺼번에 짜는 것이 좋겠다.'

이렇게 생각하고 그날부터 우유를 짜지 않았다. 새끼소가 어미소의 젖을 빨아 먹을까봐 따로따로 매 두었다. 어미소의 뱃속에 우유를 조금이라도 많이 저장하기 위해서였다.

한 달이 지난 후 그는 잔치를 열고 손님을 맞이하였다. 사람들이 모여들자 드디어 그는 항아리를 들고 어미소의 우유를 짜러 나갔다. 그런데 어찌된 일인가? 한 달 동안 젖소의 뱃속에 저장해 두었던 우유가 한 방울도 나오지 않았다. 그 동안 젖소의 젖을 짜주지 않아서 그 젖소의 우유는 다 말라버렸던 것이다. 이를 본 손님들은 돌아서서 그의 어리석음을 비웃었다.

아끼면 똥 된다는 소리가 있다. 무엇이든 필요할 때 사용해야 가치를 발휘하는 것이다.

3 대머리 사나이의 과대망상

머리카락이 하나도 없는 대머리 사나이가 있었다. 그는 자신이 다른 사람과 달리 머리카락이 없다는 사실에 큰 자부심을 가지고 있었다. 남들보다 어딘가 다른 데가 있다는 것이 그 사나이의 자존심을 지탱하는 기둥이었다.

그런데 어느 날 장난기 많은 어떤 사람이 배(梨)를 가지고 와서 그의 머리를 때렸다. 배는 산산조각이 났다. 그러자 그는 재미있다는 듯 두 번 세 번 계속 배를 머리에 던졌다. 대머리 사나이의 머리에는 상처가 났지만 그는 참으면서 피하지 않았다.

"아니 이 사람아, 왜 피하지 않는가? 머리에 상처가 나서 피가 흐르고 있지 않은가?"

옆에서 보던 사람이 딱하다는 투로 말했다. 이 말을 듣고 대머리 사나이는 점잖게 대답했다.

"저 사람은 자신의 힘을 믿고 교만하다. 아무데서나 힘자랑을 하니 어리석지 않은가? 그는 내 머리를 돌(石)이라 생각하고 배를 던지는 모양인데, 내가 그를 상대로 싸운다면 똑같은 사람이 될 게 아닌가? 그래서야 되겠는가?"

옆에 있던 사람이 어이없다는 듯 말했다.

"이 사람아, 어리석기는 누가 어리석은가? 저 사람이 자네 대머리를 보고 놀리느라고 배를 던졌는데, 자네는 피하기는커녕 머리에 상처까지 냈으니 정말 어리석은 것은 자네가 아닌가? 그리고 기왕 말이 나왔으니 하는 말인데, 자네의 그 대머리 말일

세. 내가 보기에는 조금도 뽐낼 만한 것이 못되네. 다른 사람보다 잘난 게 뭐 있는가?" 하고 핀잔을 주었다.

4 바람난 아내를 둔 사나이

그의 아내는 매우 뛰어난 미인이었다. 그는 아내를 마음으로부터 사랑하고 소중하게 여겼다.

그러나 아내는 진실하지 못하여 남편의 사랑에도 불구하고 다른 남자와 놀아났다. 남편 몰래 바람을 피우는 일이 도가 지나쳐 어느 날 제 남편을 속이고 도망을 치려는 음모를 꾸몄다. 음탕한 아내는 남편이 어리석은 것을 알고 어떤 노파에게 이런 부탁을 했다.

"내가 떠나거든 할머니는 커다란 인형을 구해다가 안방에 두고 내 남편에게 내가 죽었다고 말해 주시오."

돈 몇 푼에 매수된 노파는 음탕한 여인이 도망을 친 뒤 그녀의 부탁대로 인형을 구해다가 안방에 놓고 이불을 덮어두었다. 며칠 뒤 남편이 돌아오자 노파는 천연덕스럽게 '당신의 아내는 죽었다.'고 말했다. 아내가 죽었다는 말을 들은 남편은 슬피 울면서 괴로워했다. 그는 장작을 쌓고 가짜 시체를 태워 그 재를 자루에 담아서 밤낮으로 그것을 안고 지냈다.

한편 바람이 나서 도망갔던 음탕한 아내는 어느덧 새서방도 싫어졌다. 그녀는 어느 날 새서방으로부터 도망쳐 집으로 돌아와 어리석은 남편에게 말했다.

"여보, 내가 돌아왔어요. 내가 당신의 아
내랍니다."

그러나 남편은 그녀의 말을 믿지 않았다.

"내 아내는 이미 죽은 지 오래요. 당신은
누구인데 내 아내라고 하는 겁니까?"

음탕한 여인은 두 번 세 번 자기가 진짜
아내라고 말했으나 남편은 받아들이지 않
았다.

5 물을 마시지 않는 이유

한 사나이가 여행을 하고 있었다. 오랫동
안 뙤약볕 아래서 여행을 했던 탓으로 사나
이는 몹시 목이 말랐다. 사나이는 더운 날씨

에 숨을 헉헉 몰아쉬며 먹을 물을 찾았다.

얼마를 헤맨 사나이는 드디어 멀리 강물에서 아지랑이가 피어오르는 것을 발견했다. 사나이는 한달음에 강가로 달려갔다. 그러나 강가에 이른 사나이는 바라만 볼 뿐 물을 마시려고 하지 않았다. 이를 본 그의 친구들이 말했다.

"자네는 목이 말라 죽겠다더니 왜 강물을 보고도 마시려 하지 않는가?"

그러자 사나이는 이렇게 말했다.

"저 강물이 너무 많아 한꺼번에 다 마실 수 없네. 그러니 그대들이 다 마시고 나면 나는 그때 마시겠네. 어서 먼저들 먹게."

친구들은 그의 터무니없는 대답을 듣고 할 말을 잃고 말았다.

6 내친걸음에 아들 죽이기

　옛날 어떤 사람이 일곱 명의 아들을 길렀다. 그런데 마침 몹쓸 전염병이 돌아 첫째 아들이 먼저 죽었다. 그는 아들이 죽자 시체를 집에다 둔 채 길을 떠나려 했다. 이를 본 동네 사람이 그에게 말했다.

　"산 사람과 죽은 사람의 길이 다른데 어째서 시체를 그냥 두는가? 빨리 장사를 지내 죽은 사람이 갈 곳으로 보내 주게."

　이 말을 들은 그는 이렇게 생각했다.

　'만약 집에 두지 않고 꼭 장사를 지내야 한다면 조금 기다렸다가 둘째가 죽거든 함께 장사를 지내는 것이 더 낫겠다.'

　며칠이 지난 뒤 병을 앓던 둘째가 죽었다. 그는 그때서야 두 개의 상여를 만들어 장사

를 지냈다. 동네 사람들은 일찍이 없었던 일
이라 모두 돌아서서 수근거렸다.

이 일은 비유하면 이렇다.

어떤 수행자가 남몰래 한 가지 계율을 범
했다. 그런데 그 수행자는 참회하기를 꺼려
해서 잠자코 허물을 덮어두려고 했다. 이를
본 도반이 말했다.

"수행자는 계율 지키기를 진주 보호하듯
해야 하거늘 당신은 왜 계율을 범하고도 참
회하려고 하지 않는가?"

이에 파계한 수행자가 대답했다.

"기왕 참회를 해야 한다면 아예 다시 한
번 더 큰 허물을 범하고 그때 가서 해도 늦
지 않으리."

수행자는 드디어 한 가지 계율을 더 깨뜨
리고 난 다음에야 참회를 했다. 그것은 마치

한 어리석은 사나이가 첫째 아들이 죽으니 둘째 아들이 죽기를 기다렸다가 장사지낸 것과 같은 것이었다.

7 아첨꾼의 실체

그 사람의 얼굴은 단정했고 생각은 지혜로웠다. 또 재물도 많이 가지고 있었고 성품은 너그러웠다. 온 세상 사람들은 그를 칭찬하고 추종했다.

그를 따르는 사람 가운데 간교한 생각을 가진 자가 있었다. 그는 짐짓 칭찬 받는 사람을 '나의 형님'이라고 불렀다. 그 까닭은 그가 재물이 많기 때문에 그것을 빌려 쓰기 위함이었다. 그러나 빚을 갚을 때는 언제나

'나의 형님이 아니다.'라고 말했다.

곁에 있던 사람이 그에게 비난하는 투로 말했다.

"그대는 재물이 필요하면 남을 형으로 삼고, 빚을 갚게 되면 다시 형이 아니라고 말하는데 왜 그런가?"

"나는 재물을 얻기 위해 그를 형이라고 하지만, 실제는 나의 형이 아니기 때문에 빚을 갚았을 때는 형이 아니라고 한다. 그게 어떻단 말인가?"

말을 꺼냈던 사람은 벌어진 입을 다물 수가 없었다.

8 몸에 맞지 않는 옷

남의 물건을 훔치는 데 귀신같은 재주를 가진 산도적이 있었다. 여기저기 닥치는 대로 물건을 훔치는 데 재미를 붙인 산도적은 어느 날 삼엄한 경비를 뚫고 임금님의 창고에 있는 물건까지 훔쳐냈다. 그 가운데는 항상 임금님이 입는 옷도 있었다. 산도적은 그 옷을 입고 도적 노릇을 계속했다.

한편 창고에서 많은 물건을 잃어버린 임금님은 화가 머리끝까지 났다. 임금님은 병사들을 풀어 그 도적을 잡아들이도록 했다.

도적은 의외로 쉽게 잡혔다. 임금님의 옷을 입고 도둑질을 했기 때문에 다른 사람의 눈에 금방 드러났기 때문이다.

산도적을 포박해 압송해 오자 임금님은

친히 그를 심문했다.

"네가 입고 있는 옷은 누구의 옷이냐? 어디에서 훔쳤느냐?"

"이 옷은 절대 훔친 옷이 아닙니다. 저의 할아버지 때부터 물려받아 입은 옷입니다."

"뭐라고? 할아버지 때부터라고?"

임금님은 기가 막혔다.

"그렇다면 좋다. 옷을 벗었다가 다시 한 번 입어 보아라. 만약 순서에 맞게 입는다면 너희 할아버지 때부터 물려받은 것으로 인정하겠다만, 제대로 입지 못한다면 훔친 것이 틀림없다."

산도적은 입고 있던 옷을 벗었다가 다시 입으려 했다. 하지만 그 옷은 본래부터 입었던 것이 아니므로 다리에 끼울 것을 팔에 끼고, 팔에 끼울 것을 허리에 감는 등 순서가 맞지 않았다.

"그 옷이 할아버지 때부터 물려받은 것이라면서 어찌 입을 줄도 모르느냐? 그 옷은 확실히 도둑질한 것이 분명하다. 그 옷은 네 옷이 아니다."

도둑은 할 말이 없었다.

거짓은 거짓을 낳는다.

9 과장된 자랑의 함정

어떤 사람이 남들 앞에서 자기 아버지의 훌륭한 점을 말했다.

"우리 아버지는 참으로 인자하신 분이다. 남을 해치는 일이 없고 물건을 훔치는 일이 없다. 늘 진실한 말만 하시고 남을 위해 많은 선행을 베푼다."

자랑을 듣던 한 어리석은 사람이 질 수 없다는 듯 나서며 말했다.

"우리 아버지의 덕행은 너희 아버지보다 더 훌륭하다."

"어떤 덕행을 쌓았기에 훌륭한지 어디 한번 들어보자."

그는 엄숙한 표정으로 사람들에게 말했다.

"우리 아버지는 어릴 때부터 여자를 가까이 하지 않았다."

"어렸을 때부터 여자를 가까이하지 않았다고? 그러면 너는 어떻게 태어났는가? 너희 아버지가 너를 낳은 걸 보면 여자를 가까이했기 때문이 아닌가? 만약 자네의 아버지가 진실로 어렸을 때부터 여자를 가까이하지 않았다면 자네 어머니는 새서방을 얻어 자네를 낳은 것이 분명하다. 그렇다면 아버지는 훌륭할지 모르나 어머니는 깨끗하지 못한 여자가 아닌가?"

여러 사람이 비웃고 조롱하자 그는 고개도 들지 못하고 뒷걸음질을 쳤다.

10 3층부터 집짓기

재물은 많았지만 무식해서 아는 것이라고는 아무것도 없는 부자가 있었다.

어느 날 그는 다른 부잣집으로 놀러 갔다가 3층으로 된 누각을 보았다. 그 누각은 화려하고 웅장하고 아름답게 지은 것이어서 보는 사람의 마음을 빼앗기에 충분했다. 부

자는 그 누각을 부러워하면서 이렇게 생각
했다.

'내 재물이 저 부자보다 결코 적지 않다.
그렇다면 나도 얼마든지 3층 누각을 가질
수 있다.'

그는 목수를 불러 물었다.

"저 집의 3층 누각처럼 화려하고 웅장한
누각을 지을 수 있겠는가?"

"걱정하지 마십시오. 저 3층 누각은 제가
지은 것입니다. 어려울 것이 없습니다."

부자는 기뻐하며 목수에게 부탁했다.

"참 잘됐군. 당신은 이제부터 나를 위해
저 집보다 더 멋있는 누각을 지어주게."

목수는 곧 땅을 고른 뒤 벽돌을 깔고 누각
을 지기 시작했다. 그러나 무식한 부자는 목
수의 집 짓는 방법이 이해되지 않았다. 그래

서 목수에게 물었다.

"어떤 집을 짓고 있는가?"

"3층 누각을 짓고 있습니다."

"아니 이것은 3층이 아니고 1층이 아닌가?"

"1층을 먼저 짓고, 그 다음에 2층, 그리고 3층을 짓는 것이지요."

목수의 대답에 무식한 부자는 역정을 내며 말했다.

"이 사람아, 나는 3층 누각이 필요하지 1층 2층은 필요 없네. 그러니 아래 두 층은 빼고 3층부터 짓게."

"어찌 그렇게 할 수 있겠습니까? 아래층을 짓지 않고는 위층을 지을 수가 없습니다. 그러니 조금만 참고 기다리십시오. 곧 3층을 짓겠습니다."

부자는 목수의 말을 듣고도 이해가 되지 않았다.

"어허, 나는 아래 두 층은 필요 없다고 하지 않는가. 두말 말고 3층부터 지어내게."

목수와 부자의 이 같은 실랑이가 계속되자 사람들은 배꼽을 잡고 웃음을 참지 못했다.

"어떻게 아래층을 짓지 않고 위층을 짓겠단 말인가? 저 부자는 무식하고 어리석은 사람이다."

11 점술사의 속임수

자기는 이 세상의 모든 이치를 다 통달해 모르는 것이 없다고 떠벌리는 점술사(占術

師)가 있었다. 그는 별과 달의 움직임을 보고 인간의 운명을 예언하고 관상과 손금을 보고 행복과 불행을 점쳤다. 자기로 말하자면 이 세상의 어떤 일도 손바닥 안의 구슬 보듯 한다는 것이 이 사람의 자랑이었다. 어떤 사람들은 그의 이와 같은 허풍을 믿었다. 그러나 어떤 사람은 그의 말을 믿지 않았다.

  하루는 이 점술사가 한 병든 아이를 안고 슬프게 울었다. 괴이쩍게 여긴 사람들이 왜 그러느냐고 물었다.

  "아, 참으로 슬프고 안타까운 일이오. 이 어린아이는 앞으로 이레 뒤에 죽을 것이오. 점괘가 그렇게 나왔소. 내가 우는 것은 이레 뒤에 죽을 이 아이가 불쌍해서요."

  평소에 그의 허풍을 믿지 않던 사람이 말했다.

"예끼, 여보시오. 사람의 장래는 누구도 모르는 것이오. 이레 만에 죽지 않을지도 모르는데 왜 미리 울고불고 야단이오."

"모르는 소리. 해와 달이 어두워지고, 별들이 떨어지더라도 내 예언은 틀림없이 적중할 것이오."

이렇게 큰소리를 친 점술사는 자기의 점술을 모든 사람이 믿도록 하기 위해 이레 뒤에 그 아이를 자기 손으로 죽이고 말았다.

"저 사람은 지혜롭고 훌륭한 사람이다. 그의 말은 틀리지 않았다."

점술사의 계략에 속은 사람들은 모두 탄복을 하며 그를 믿었다.

사람을 속이고 아이를 죽인 점술사는 그날 밤에 요절을 하고 말았다.

자기 앞날도 모르는 사람이 어찌 남의 앞

날을 알 수 있는가.

12 부채바람으로 숯불 끄기

한 사나이가 벌꿀을 따다가 석밀장(石蜜漿: 벌꿀을 녹여 조청을 만든 것)을 달이고 있었다. 그때 마침 그의 친구가 찾아왔다. 사나이는 친구에게 석밀장을 나눠주어야겠다고 생각했다.

그는 훨훨 타오르는 숯불에 물을 조금 끼얹었다. 그리고 부채로 불 위를 부치면서 식기를 기다렸다. 그러나 부채질을 하면 할수록 밑불이 살아나 불은 꺼지기는커녕 점점 빨갛게 피어올랐고 석밀장도 따라서 부글 부글 끓었다. 사나이는 다시 숯불에 물을 조금 끼얹었고 또 부채질을 했다. 결과는 마찬가지였다. 보다 못해 친구가 말했다.

"이 사람아, 물을 끼얹고 부채질은 왜 하는가?"

"응. 빨리 식게 하려고."

"이 사람아, 밑불이 꺼지지 않았는데 부채로 부친다고 석밀장이 식겠는가? 부채로 부치면 도리어 밑불이 살아나고 석밀장은 더 뜨겁게 끓을 뿐이지."

이 얘기를 들은 동네 사람들은 그의 어리석음을 비웃었다.

▨13▨ 참을성 없는 사람

　동네 사람들이 방안 가득히 모여 어떤 사람의 행실에 대해 얘기하고 있었다. 대체로 모아진 의견은 '그는 정직하고 부지런하며, 솔직하고 성실하다.'는 것이었다.

　"그런데 말이야. 그 사람은 다른 것은 다 훌륭한데 딱 두 가지 허물이 있단 말씀이야. 첫째는 화를 잘 내는 것이고, 둘째는 일을 너무 경솔하게 처리하는 것이란 말씀이지. 이 두 가지만 고치면 그 사람이야말로 우리 마을에서 가장 존경받는 인물이 될 꺼야. 안 그런가?"

　얘기가 끝나갈 무렵, 같이 앉아 있던 사람이 이런 말을 하자 동네 사람들은 모두 고개를 끄덕이며 동감을 표시했다. 그런데 일이 공교롭게 되느라고 화제의 주인공이었던 사람이 문 밖을 지나다가 이 애기를 들었다. 그는 노여움을 참지 못하고 방안으로 들어가 그 말을 한 사람의 멱살을 움켜잡았다.

"아니, 이 사람아 왜 이러나. 흥분을 가라앉히고 조용히 말로 하게 말로 해!"

"뭐라고? 내가 지금 조용히 말로 따지게 됐어? 야, 이놈아, 내가 언제 화를 잘 내고 일을 경솔하게 처리하든? 네가 뭔데 남의 말을 함부로 입에 담는 거야. 그렇게 험담을 하고도 무사할 줄 알았어? 이런 자식은 뜨거운 맛을 봐야 돼."

화가 머리끝까지 오른 그는 마구 때리기까지 했다. 동네 사람들이 그를 간신히 뜯어 말리고 말했다.

"여보게, 지금 자네가 한 행동이 뭔가? 바

로 화를 내고, 경솔한 행동을 한 게 아닌가?
그러고도 경솔하지 않다고 말할 수 있는
가?"

앞 뒤 생각지 않고 하는 행동은 일을 그
르치기 일쑤다. 급할수록 돌아가라는 말이
있듯이 한 번 더 생각하고 행동하는 습관을
길러야겠다.

14 길잡이를 죽인 상인들

배를 타고 바다를 건너 무역을 하는 장사
꾼이 있었다. 이들이 어느 날 길일(吉日)을
잡아 장삿길에 나섰다. 험난한 바다를 건너
자면 뱃길을 잘 아는 길잡이가 필요했다. 그
래서 그들은 의논 끝에 길잡이를 구해 배에

띄우고 바다로 나갔다.

배가 바다 한가운데에 이르렀을 때였다. 갑자기 파도가 높이 일고 뱃길이 험해졌다. 그러자 상인들의 얼굴이 새파랗게 질렸다. 그들은 모여 앉아 어떻게 이 어려운 고비를 넘길까 상의했다.

"이곳은 바다의 신이 지배하는 곳이다. 이곳을 지나려면 산사람을 제물(祭物)로 바치고 빌어야 한다."

"그러나 이 배 안에서 누구를 제물로 받쳐야 한단 말인가? 우리는 모두 친한 친구 사이 아닌가? 내가 당신을 죽일 수 없듯이, 당신도 나를 죽일 수 없잖은가?"

그러자 한 사람이 묘안을 찾았다는 듯 무릎을 치며 말했다.

"아, 좋은 수가 있다. 우리는 서로 친구 사

이라 안 되지만, 저 길잡이는 우리와 아무 상관없다. 그를 제물로 바치면 되지 않겠는 가?"

상인들은 그 사람의 의견에 동의하고 길잡이를 제물로 바쳤다. 그러나 정작 문제는 그 다음에 일어났다. 노련한 길잡이를 제물로 바쳤기 때문에 파도치는 험난한 뱃길을 인도해 줄 사람이 없었다.

그들은 결국 이리저리 방황하다가 뱃길을 잃고 바다 한가운데서 굶어 죽고 말았다.

무슨 일이든 안내자는 필요하다. 그 일을 제일 잘 알고 잘 할 수 있는 안내자야말로 우리의 동반자이다.

15 현명한 의사의 방편

어떤 왕이 자식이 없어 애태우다가 늘그막에 공주를 하나 얻었다. 왕은 공주가 빨리 예쁘게 자라기를 바랐다.

마치 나라 안에는 현명한 의사가 있어서 못 고치는 병이 없다는 소문이 자자했다. 왕은 그 의사를 불러서 이렇게 말했다.

"그대는 훌륭한 의사라고 들었다. 그렇다면 약으로 공주를 빨리 크게 할 수 있겠는가?"

현명한 의사는 한참을 궁리하다가 대답했다.

"대왕의 분부를 받들어 시행을 하겠습니다. 그러나 공주님이 빨리 크도록 하기 위해서는 한 가지 약속을 해 주셔야 합니다."

"공주가 빨리 클 수만 있다면 무슨 약속인들 못하겠는가? 어서 말해보라."

"공주님이 약을 복용하는 동안 대왕께서는 절대로 공주님을 보시면 안 됩니다. 그렇게 하시겠습니까?"

왕은 공주가 약을 먹고 빨리 자랄 수 있다는 말에 기쁨을 감추지 못하고 선뜻 약속을 했다. 왕의 약속을 받아 낸 현명한 의사는 방편으로 약을 구한다고 멀리 길을 떠났다. 그 사이 공주는 별채에서 지내며 자랐다.

12년이 지난 뒤 현명한 의사는 궁중으로 돌아왔다. 의사는 공주에게 맛있는 꿀떡을 약이라고 먹인 뒤 왕 앞으로 데리고 나갔다. 왕은 매우 기뻐했다.

"오, 이 아이가 내 딸이란 말인가? 참 예쁘게도 자랐구나. 그대는 참으로 훌륭한 의

사다. 약을 먹여 공주를 키우다니 훌륭하고
훌륭하도다."

왕은 의사에게 큰 상을 내리라고 명했다.

16 사탕수수 달게 키우는 묘책

사탕수수를 재배하는 농부 두 사람이 있
었다. 두 사람은 사탕수수를 심으면서 서로
에게 약속했다.

"좋은 종자를 심어 수확을 많이 한 사람
에게는 후한 상을 주고 좋지 않은 종자를 심
어 수확이 적은 사람에게는 중한 벌을 주도
록 하자."

"그것 참 좋은 제안이다. 그러면 경쟁하
는 마음이 생겨 사탕수수 농사도 더 잘될 것

이 아닌가?"

두 사람은 다짐을 굳게 하고 헤어졌다.

한 사람은 좋은 거름을 만들어 사탕수수에 거름을 주고 정성을 다해 키웠다. 그 결과 사탕수수는 좋은 품질의 맛 좋은 사탕수수를 길러 내었다. 다른 한 사람은 집으로 돌아와 어떻게 하면 상대방을 이길까를 골똘하게 생각하다가 이런 꾀를 냈다.

'사탕수수는 매우 달다. 만약 그 즙을 짜서 사탕수수에 부어 주면 그 맛은 다른 것보다 훨씬 달 것이다.'

그는 곧 사탕수수를 눌러 즙을 짜서 나무에 부어 주었다. 더 달기를 기대하면서…….
그러나 단물을 먹은 사탕수수 나무는 도리어 시들시들 말라 못쓰게 되고 그 사람은 종자마저 다 잃고 말았다.

누구나 최선을 다하고 결실을 바라면 좋은 결과를 이룰 수 있으나 잔꾀를 부리고 일을 게을리 한다면 일을 망칠 수 있다는 교훈을 준다.

17 고지식한 사람의 수지계산

한 상인이 있었다. 그는 어느 때 어려운 일이 생겨서 강 건너 사람에게 돈 반 푼을 빌려 썼다.

오랫동안 빚을 갚지 못해 전전긍긍하던 상인은 몇 달 뒤, 형편이 풀려 빚 갚을 여유가 생겼다. 그는 빨리 빚을 갚기 위해 집을 떠났다.

강 건너 마을로 가자면 배를 타야 했다.

뱃삯은 두 푼이나 됐다. 그는 두 푼을 주고 강을 건넜다.

그런데 가는 날이 장날이라고 돈 빌려 준 사람의 집에 도착해 보니 마침 주인은 외출을 하고 없었다. 할 수 없이 그는 다시 집으로 돌아와야 했다. 돌아오는 길에도 강을 건너야 했으므로 역시 두 푼의 뱃삯을 주었다.

집에 돌아와 보니 무엇인가 계산이 이상했다. 그러나 그는 눈만 껌벅껌벅할 뿐 계산이 맞지 않았다. 돈 반 푼을 갚으려고 네 푼의 돈을 낭비한 꼴이 되고 말았다.

사람은 누구나 신용을 잃으면 안 된다. 신용을 지키지 위해서라면 자기 돈이 더 들더라도 약속을 지켜야 마땅하다.

18 하루 종일 칼만 가는 사나이

왕을 위해 일하는 하인이 있었다. 그는 오랫동안 왕을 위해 열심히 일했으나 매우 가난했다. 거기다가 몸까지 야위어 안쓰럽게 보였다.

왕은 이를 보고 불쌍히 여겨 죽은 낙타 한 마리를 주었다. 그는 그것을 얻어 가죽을 벗기려 하였다. 그러나 칼이 무디어서 낙타가죽을 벗기기에 적당하지 않았다.

'어디에 숫돌이 있으면 좋을 텐데…….'

사나이는 사방팔방으로 숫돌을 찾다가 다락방에서 그것을 발견했다. 사나이는 좋아라하며 다락방에서 숫돌에 칼을 갈아 가지고 아래층으로 내려와 낙타가죽을 벗겼다. 그러다가 칼이 무디어지면 다시 다락방으로 올라가 칼을 갈아서 내려왔다.

이렇게 여러 차례 아래위층을 오르내리던 사나이는 몹시 피곤함을 느꼈다.

'가죽을 벗기려니 칼이 자꾸 무디어진단 말이야. 그렇다면 칼이 무디어지지 않도록 칼을 더 날카롭게 갈아야지.'

사나이는 낙타를 아래층에 매달아 둔 채 다락방에서 하루 종일 칼만 갈았다. 그 사이 낙타는 부패하여 쓸 수가 없게 되었다.

19 엉뚱한 곳에서 은사발 찾기

어떤 사람이 배를 타고 바다를 건너다가 은사발 하나를 빠뜨렸다. 어떻게 해야 좋을지 궁리하던 끝에 이런 생각을 했다.

'은사발이 빠진 물에 금을 그어 표시를 해 두었다가 나중에 다시 찾자.'

그리고는 여행을 계속해 두 달 만에 어떤 항구에 도착했다. 그는 배에서 내려 은사발 을 찾기 위해 물 속으로 들어갔다. 이를 본 사람이 물었다.

"어쩌자고 물에 들어가는가?"

"내가 은사발을 바다에 빠뜨렸다. 지금 그것을 찾으려고 한다."

"어디서 잃었는가?"

"배를 탄 지 얼마 되지 않았을 때였다."

"언제 잃었는가?"

"두 달 전이다."

"잃은 지가 두 달이나 되었는데 어떻게 그것을 찾겠는가?"

"내가 은사발을 잃었을 때, 은사발이 빠

진 그 물에다가 금을 그어 표시를 해두었다. 그때 표시를 해둔 물과 지금 이 물은 조금도 다름이 없다. 그래서 찾는 것이다."

사람들이 그의 말을 듣고 어이없이 하면서 말했다.

"여보시오. 물은 비록 다르지 않지만 잃어버린 곳은 다르지 않은가? 은사발이 빠진 곳은 다른 곳인데, 어떻게 여기서 찾으려 하는가?"

이 말을 듣고 보니 정신이 퍼뜩 들었다. 같은 물이지만 잃어버린 곳이 다르다는 것을 깨달았다.

20 권력자의 횡포

옛날 어떤 왕이 있었다. 그는 매우 포악하여 백성들의 원성이 자자했다. 누군가가 왕을 이렇게 비난했다.

"대왕은 매우 포악하다. 나라를 다스리는데 원칙이 없다. 백성들은 불안에 떨고 있다."

이 말은 왕의 귀에까지 들어갔다. 왕은 몹시 화를 냈다. 옆에 있던 간신배가 이를 보고 평소에 원한이 있던 어진 신하를 범인으로 지목했다. 왕은 사실을 끝까지 조사해 보지도 않고 그를 잡아다가 궁둥이 살 백 냥을 베어내었다.

그때 한 용기 있는 사람이 나서서 그가 왕을 비난한 사실이 없음을 증명했다. 왕은 크게 뉘우쳤다. 그리하여 이번에는 간신배의 살 천 냥 을 베어 그의 궁둥이에 붙여 주었다.

그러나 죄 없이 궁둥이 살을 베어냈던 어진 신하는 계속 고통에 신음했다. 왕은 한밤중에 그 신음소리를 듣고 신하에게 물었다.

"왜 그리 괴로워하는가? 너는 백 냥의 살을 베어냈지만 천 냥의 살을 갖다 붙이지 않았느냐? 그런데도 만족하지 않는가?"

"대왕이시여, 만약 대왕께서 왕자의 목을 쳤다가 잘못됨을 알고 다른 이의 목 천 개를 붙이려 했다면 어찌 되었겠습니까? 아무리 그리했어도 왕자께서는 죽음을 면치 못했을 것입니다. 그와 같이 저도 비록 열 배의 살을 얻었지만 이 고통은 어찌할 수 없습니다."

21 자식 낳으려고 하는 투기

어떤 부인이 있었다. 그녀에게는 자식이 한 명 있었다. 그러나 한 명의 자식으로는 아무래도 적적할 것 같았다. 그녀는 자식을 하나 더 얻고 싶었다. 그래서 어떤 무당노파에게 그 방법을 물었다.

"내가 능히 당신에게 자식을 하나 더 낳는 방법을 일러주리라. 그러기 위해서는 하늘에 제사를 지내야 한다."

"제사를 지내려면 제물(祭物)이 있어야 할 텐데 어떤 것을 써야 할지요."

"너의 자식을 죽여 그 피로써 하늘에 제사를 지내면 된다. 그리하면 반드시 많은 자식을 얻게 될 것이다."

그 부인은 무당노파의 말을 듣고 그대로

실행하려고 하였다. 이때 곁에 있던 어떤 지
혜로운 사람이 이를 비웃고 꾸짖으며 타일
렀다.

"이 무지한 여인아. 어찌 그처럼 어리석
은 짓을 하려고 하는가? 아직 임신도 하지
않은 아이를 얻기 위해 산 자식을 죽였다
가 아이를 얻지 못하면 어찌하려는가? 그리
고 설사 많은 자식을 얻을 수 있다고 하더라
도, 살아 있는 자식을 어찌 죽일 수 있단 말
인가? 개나 돼지도 그와 같은 짓은 할 수 없
네."

부인은 그때서야 잘못을 뉘우쳤다.

22 흑단향 숯을 파는 사람

어떤 장자(長者)의 아들이 있었다. 그는 어
느 날 바다에 들어가 여러 해 동안 물에 잠
겨 있던 검은 나무를 건져냈다. 그 나무는
그윽한 향기를 풍기는 흑단향목(黑檀香木)이
었다.

수레에 하나 가득 흑단향 나무를 싣고 돌
아온 그는 곧 시장에 나가 그것을 팔려고 했
다. 그러나 워낙 귀한 것이라서 아무도 선뜻
사는 사람이 없었다. 이렇게 여러 날이 지나
자 그는 몸도 마음도 몹시 피로해졌다. 그만
집으로 돌아가고 싶은 생각이 굴뚝같았다.
그런데 마침 그 옆에는 어떤 숯장수가 있었
다. 그는 매일 한 수레의 숯을 끌고 나와 금
방 팔아 치우고 들어가곤 했다. 이를 본 장

자의 아들은 이렇게 생각했다.

'팔리지 않는 흑단향을 내놓고 하루 종일 기다리는 것보다 차라리 이것을 숯으로 만들어 파는 것이 낫겠다.'

그는 집으로 돌아가 비싼 흑단향 나무를 태워 숯을 만들어 시장에 내다 팔았다. 그러나 그는 반 수레의 숯 값밖에 받지 못하고 말았다.

아무리 좋고 비싼 물건이라도 알아주는 사람이 있어야 귀한 물건이다.

23 비단 팔아 사 입은 삼베옷

옛날 한 도둑이 있었다. 어느 날 그는 부잣집에 들어가 비단을 훔쳤다.

그러나 그는 비단이 좋은 옷감인 줄 모르고 시장에 내다가 싼 값으로 팔았다. 그리고 그 돈으로 낡은 삼베옷과 몇 가지 소모품을 샀다.

　이때 어떤 사람이 말했다.

　"아니, 자네는 어째서 좋은 비단을 팔아서 낡은 베옷을 사는가?"

　"비단은 아직 옷이 아니지만 삼베옷은 이미 만들어졌으니 이것이 더 좋은 것이라 생각돼서 그랬지."

　그가 낡은 삼베옷을 입고 천연덕스럽게 거리를 활보하자 사람들은 웃음을 참지 못했다.

24 볶은깨를심는농부

옛날에 한 어리석은 사나이가 있었다. 어느 날 그는 이웃집에 갔다가 볶은 깨를 얻어 먹었다.

"아저씨, 이 깨는 어찌 이렇게 고소한가요."

"음, 깨를 볶았기 때문이지."

"아, 그래요."

어리석은 사나이는 자기도 집에 돌아와 깨를 볶아 먹었다.

'역시 볶은 깨가 맛있단 말이야. 그것도 모르고 여태껏 날 깨만 먹었으니…….'

봄이 되어 밭을 갈고 씨를 뿌리게 되었다. 어리석은 사나이는 이렇게 생각했다.

'차라리 깨를 볶아서 심어야겠다. 그러면

나중에 깨를 볶지 않아도 고소한 깨를 거둘 수 있겠지.'

그는 밭에 심을 깨를 볶아서 고소한 깨를 심었다. 그러나 이게 어찌된 일인가? 가을이 와도 그의 깨밭에는 거두어야 할 깨가 하나도 없었다.

25 물과 불의 쓰임새

어떤 사람이 물과 불을 같이 쓸 일이 있었다. 그는 하인에게 이 일을 시켰다.

"어디가서 불을 좀 구해오너라."

하인은 화로에 불을 담아 왔다. 주인은 다시 하인에게 말했다.

"찬물도 필요하니 구해 오너라."

"주인님. 이 물을 어디에다 놓을까요?"

"음. 차례대로 놓아라."

하인은 찬물이 담긴 대야를 화로 위에 올려놓았다.

잠시 뒤 주인이 나왔다. 그러나 찬물도 뜨거운 물도 없었다. 찬물은 화로 위에서 미지근한 물로 되어 있었고, 불은 어느새 사그라져서 찬 재(灰)로 변해 있었다.

주인은 어이가 없어 혀만 끌끌 찼다.

26 임금님 버릇 흉내내기

옛날 어떤 신하가 있었다. 그에게는 불만이 한 가지 있었다. 왕이 그에게 특별한 관심을 가져주지 않는 것이었다. 그는 옆의 동료에게 자기의 고민을 털어 놓았다.

"어떻게 하면 대왕의 마음을 사로잡을 수 있을까?"

"대왕의 마음을 잡으려거든 왕의 모습을 본받는 게 좋을 것 같네."

그날부터 그는 왕의 여러 가지 모습을 흉내내기에 애썼다. 그런데 왕에게는 이상한 버릇이 하나 있었다. 무엇을 바라볼 때는 눈을 실룩거리는 것이었다. 이를 본 신하는 그것마저 흉내를 냈다.

어느 날 그는 우연한 기회에 왕과 마주쳤다. 그는 이때다 싶어 왕 앞에서 열심히 눈을 실룩거렸다.

"자네, 왜 그러는가? 혹 눈에 티끌이라도 들어갔는가?"

"아닙니다. 괜찮습니다."

"그러면 혹 바람을 맞았는가?"

"아닙니다. 바람을 맞다니요."

"티끌이 들어간 것도 아니고, 바람을 맞은 것도 아니라면 어째서 그러는가?"

"네. 그것은 다름이 아니옵고, 대왕께서 항상 눈을 실룩거리시기에 신하된 자로서 그것을 본받고자해서 입니다."

"뭐라고? 이런 발칙한!"

왕은 크게 분노해 그를 벌하고 나라 밖으로 내쫓았다.

27 치료하기 위해 낸 상처

어떤 사람이 잘못을 저질러 매를 맞았다. 매 맞은 사람의 볼기짝과 등허리에는 상처

가 나고 피가 흘렀다. 그는 상처를 빨리 낫

게 하려고 말똥을 발랐다.

　이를 본 어리석은 사람이 기뻐하면서 혼

자 중얼거렸다.

　'그렇구나. 상처가 생기면 말똥을 바르면

낫는구나. 집에 가서 당장 실험을 해 봐야

지.'

　집으로 온 어리석은 사람이 아들을 불러

놓고 말했다.

　"애야, 내가 아주 좋은 방법을 알아 왔다.

그러니 실험을 해 보자. 이제부터 너는 아비

의 등허리를 채찍으로 때려라."

　"어떻게 아버지를 때리겠습니까?"

　"걱정하지 말래두. 내가 좋은 방법을 알

고 있으니 빨리 시키는 대로 하기나 해라."

　아들은 어쩔 수 없이 아버지가 시키는 대

로 채찍으로 등을 때렸다. 어리석은 사람의
등허리에는 금방 상처가 생기고 피가 흘렀
다. 그는 얼른 말똥을 등허리에 바르고 이제
곧 치료가 될 것이라며 기뻐했다.

28 아내의 코 수술

한 사나이가 결혼을 하여 아름다운 여인
을 아내로 맞았다. 아내는 마음씨가 비단결
처럼 곱고, 몸가짐도 흐트러짐이 없어서 사
나이를 흡족하게 했다. 그러나 딱 한 가지
흠이 있었다. 다른 곳은 다 예쁜데 코가 좀
못생겼던 것이다.
'코만 좀 예뻤더라면…….'
사나이는 아내의 코가 못생긴 것을 못내

아쉬워했다.

어느 날 사나이는 밖으로 나갔다가 아름다운 코를 가진 여인을 발견했다. 그녀는 다른 곳은 다 볼품이 없었으나 코가 오똑한 것이 꼭 조각 같았다.

'옳거니. 저 코를 베어다가 아내의 코에 갖다 붙이면 아내는 나무랄 데 없는 미인이 되겠지.'

사나이는 그 여인을 숲으로 끌고 들어가 코를 베어 가지고 집으로 돌아와 아내를 불렀다.

"여보, 빨리 나와 봐요. 내가 당신에게 주려고 예쁜 코를 가져왔소."

사나이는 아내가 나오자마자 못생긴 코를 베어 버리고 잘생긴 남의 코를 그 자리에 붙이려 했다. 그러나 어쩌면 좋단 말인가?

잘생긴 남의 코가 아내의 얼굴에 붙지 않았
다. 뿐만 아니라 아내는 있던 코마저 없어져
서 더욱 흉한 모습이 되었다. 흉한 모습도
모습이지만 코를 베어 낸 고통 때문에 얼굴
이 하얗게 질리면서 쓰러졌다. 사나이는 자
신의 생각과는 전혀 반대로 전개된 상황이
믿어지지 않는 듯 어쩔 줄 몰라 했다.

29 황당한 얘기 믿다가 당황해 하는 벌거숭이

　날품을 팔아야 먹고 살 수 있는 가난한 사람이 있었다. 입을 옷조차 변변치 못했던 그는 어느 날 남의 일을 해주고 그 대가로 굵은 베옷 한 벌을 얻어 입었다.

　그가 굵은 베옷을 입고 거리에 나서자 어떤 사람이 그에게 말했다.

　"보아하니, 그대는 단정한 귀인의 아들 같은데 어째서 그런 굵은 베옷을 입고 있는가?"

　"저는 가난해서 좋은 옷을 입을 만한 형편이 못됩니다."

"그것 참 안됐구려. 그러나 내게 좋은 방법이 있소. 그대에게 좋은 옷을 입을 수 있는 방법을 가르쳐 줄테니 그대로 따라 하시오."

가난한 사나이는 기뻐하면서 그 방법을 물었다.

"그 더러운 옷을 벗어 이 불 속에 던지시오. 그러면 좋은 옷이 나올 것이오."

"그러다가 좋은 옷이 생기지 않으면 어떻게 합니까?"

"글세, 내 말을 믿으라니까. 내 말을 믿고 그 헌 옷을 불에 태우면 정말 좋은 옷이 생긴다니까. 설마 내가 멀쩡한 사람 앞에 놓고 거짓말을 하겠는가?"

가난한 사람은 그가 워낙 자신만만하게 말하자 그 말을 믿고 베옷을 벗어 불 속에

던졌다. 그러나 그가 베옷을 벗어 불태운 자
리에는 바라던 좋은 옷이 나타나질 않았다.
그는 새 옷을 입기는커녕 헌 옷마저 잃어버
리고 어쩔 줄 몰라 했다.

30 결혼하지 않고 아들 낳기

양치는 사람이 있었다. 그는 양을 잘 키워
그 숫자가 만여 마리에 이르렀다. 그러나 그
는 욕심이 많고 인색하여 사람들로부터 '자
린고비'로 불렸다.
이런 소문을 들은 어떤 간교한 사람이 그
를 꾀었다.
"나는 아주 예쁜 여자를 알고 있다. 너는
재산도 많고 하니 그 여자를 아내로 맞이하

는 것이 어떤가? 내가 주선해 주겠다."

욕심 많은 사람은 예쁜 여자를 아내로 맞을 수 있다는 말에 입이 귀밑까지 찢어질 만큼 좋아했다. 그는 매우 기뻐하면서 그에게 수백 마리의 양을 선물로 주었다.

그런 뒤 다시 얼마의 세월이 흘렀다. 간교한 사람은 다시 자린고비를 찾아와 이렇게 말했다.

"아주 기뻐할 일이 생겼다. 너의 아내가 오늘 튼튼한 아들을 낳았다."

양치는 사나이는 아직 그 아내의 코끝도 보지 못했는데 벌써 아들을 낳았다고 하니 더욱 기뻐했다. 그래서 이번에도 그에게 수백 마리의 양을 선물했다.

얼마 뒤 다시 그가 찾아와 말했다.

"이거 어쩌면 좋은가? 너의 아들이 그만

죽고 말았다. 참 안됐네."

양치는 사나이는 이 말을 듣고 하염없이
슬프게 울었다.

31 만드는 사람과 부수는 사람

옛날 어떤 종교의 스승이 큰 잔치를 베풀
기 위해 그 제자에게 심부름을 시켰다.

"잔치를 하려니 질그릇이 필요하구나. 너
는 지금부터 시장에 나가 옹기장이 한 사람
을 품삯을 주고 사오너라."

제자는 스승의 말대로 옹기장이의 집으
로 갔다. 옹기장이의 집에는 그가 만들어 놓
은 질그릇이 차곡차곡 쌓여 있었다. 옹기장

이는 그 그릇들을 시장에 내다 팔기 위해, 일꾼을 시켜 나귀수레에 싣고 있었다. 그런데 일꾼이 잠시 한눈을 파는 사이, 나귀가 뒷발로 그릇을 걷어차 모두 부숴 버렸다. 옹기장이는 안절부절 괴로워하다가 끝내는 주저앉아 울음을 터뜨렸다.

"왜 그렇게 슬퍼하고 괴로워하십니까?"

심부름 간 제자가 물었다.

"저 그릇들은 온갖 고생을 다해가며 만든 것이오. 이제 시장에 내다 팔아 돈을 마련하려고 했는데 저 고약한 나귀란 놈이 잠깐 사이에 모두 부숴 버리고 말았소. 그러니 어찌 괴롭고 슬프지 않겠소."

심부름 간 제자는 이 말을 듣고 기뻐하면서 말했다.

"아 그래요? 그렇다면 나귀야말로 참으로

훌륭하다고 할 수 있군요. 당신이 오랜 시간에 걸쳐 힘들여 만든 것을 순식간에 부쉈으니, 당신보다는 나귀가 더 훌륭하군요. 제가 그 나귀를 사겠습니다."

뜻밖의 제안을 받은 옹기장이는 그렇지 않아도 나귀가 밉던 차에 많은 돈까지 내고 사가겠다는 사람이 나서자 선뜻 팔겠다고 했다. 이리하여 심부름 간 제자는 옹기장이 대신 나귀를 타고 스승이 있는 집으로 돌아왔다.

"아니 옹기장이는 데려오지 않고, 왜 나귀를 타고 왔느냐?"

스승이 물었다. 이에 제자가 대답했다.

"이 나귀가 옹기장이보다 훌륭합니다. 옹기장이는 몇 날 며칠이 걸려야 그릇을 만들지만, 이 나귀는 순식간에 그것을 부숴 버립니다. 그래서 나귀를 데려왔습니다."

스승이 한숨을 쉬며 말했다.

"너는 참으로 미련하고 어리석기가 저 나귀보다 더하구나. 이 나귀는 그릇을 부수는 데 적당할지 모르나, 백 년을 놔두어도 그릇 하나 만들지 못한다. 나는 그릇 만드는 옹기장이가 필요하지 그릇 깨는 나귀는 필요 없다."

32 훔치다가 모두 잃은 도둑

두 사람의 장사꾼이 있었다. 한 사람은 금을 파는 사람이었고, 한 사람은 '툴라'라는 솜을 파는 사람이었다.

두 장사꾼은 물건을 팔기 위해 시장에 나

가 전을 폈다. 사람들은 솜보다는 금을 만지
기도 하고 유심히 들여다보기도 했다. 솜은
별로 거들떠보지 않았다.

"이거 진짜 금이요?"

어떤 이가 또 금장수 앞에서 묻자, 그는
천천히 대답했다.

"네, 진짜 금입니다."

"내가 실험해 봐도 되겠소?"

"그러시지요."

그는 실험하기 위해 금을 뜨거운 불로 태
웠다. 금은 불에 그을려 시꺼멓게 변했다.
이때 솜 장수가 얼른 금을 훔쳐 자기의 솜
으로 쌌다. 그러나 뜨거운 금을 틀라 솜으로
쌌기 때문에 솜이 모두 녹아내리고 말았다.

솜 장수는 솜도 잃고 금도 다시 빼앗기고
말았다.

33 어리석은 사람의 과일 따기

　어떤 왕에게 맛있는 열매를 맺는 과일나무가 한 그루 있었다. 그 나무는 키가 크고 우람해서 보기에도 좋았다. 왕은 어서 가을이 되어 열매가 열기를 기다렸다.

　하늘이 높고 오곡이 무르익는 가을이 되었다. 왕은 나무 밑으로 가서 열매를 따려고 했으나 너무 높아 손이 미치지 않았다. 그때 마침 한 신하가 지나갔다. 왕은 신하를 불러 세워 과일나무의 열매를 딸 방법을 물었다.

　"대왕이시여, 이 나무의 열매는 높은 곳에 매달려 있어서 아무리 먹고 싶어도 손에 넣을 수가 없습니다. 저의 생각으로는 나무를 베어 열매를 딴 다음에 다시 세워 놓는 것이 좋을 것 같습니다."

"그러면 그렇게 하도록 해라."

신하는 곧 일하는 하인을 시켜 나무를 베도록 했다. 그러나 나무가 쓰러지면서 열매는 뭉개져 버렸다. 또 나무를 다시 심었으나, 뿌리 없는 나무는 이내 말라죽었다.

왕은 열매도 얻지 못하고 나무만 잃고 말았다.

34 50리를 30리로 줄이는 법

어떤 마을에 아주 맛있는 우물이 하나 있었다. 그 소문이 나자 원근에서 많은 사람들이 물을 길러 갔다.

이 소문은 왕에게까지 들어갔다. 왕은 마을 사람들에게 명하여 날마다 그 물을 길러 궁중까지 배달하도록 했다.

마을과 궁중까지는 50리나 되는 먼 거리
였다. 마을 사람들은 매일 같이 순번을 짜서
궁중으로 물을 떠 날랐지만, 하루 이틀이 지
나자 모두 이를 회피하려 했다. 어떤 사람은
물 배달을 하기 싫어 아예 마을을 떠나는 사
람까지 생겨났다.

마을을 떠나는 사람이 생기자 물배달의
순서는 더 빨리 돌아왔다. 그러면서 사람들
의 불평은 더욱 높아졌다.

'좋은 샘물 옆에 살다가 날벼락을 맞는구
먼. 그나저나 왕복 100리 길을 어떻게 물 배
달을 하나. 하루 이틀도 아니고.'

사정이 여기에 이르자 촌장이 마을 사람
들을 모아 놓고 말했다.

"여러분, 내게 좋은 묘안이 있소. 내가 왕

을 만나 50리를 30리로 고치도록 하겠소. 그러면 우리가 물 배달을 하는 것이 훨씬 쉬워질 것이오. 그러니 여러분들도 마을을 떠나지 마시오."

촌장은 곧 왕에게로 가서 마을 사람들의 어려운 사정을 얘기하고 50리를 30리로 바꾸어 달라고 요청했다. 왕은 촌장의 요구대로 50리를 30리로 바꾸어 주었다. 촌장은 마을로 돌아와 이 사실을 알려주었다. 사람들은 이제야 고생을 조금 덜게 되었다며 좋아했다.

그때 마을 사람 가운데 한 사람이 일어나 이의를 제기했다.

"50리를 30리로 부른다고 하지만 그런다고 50리가 30리로 좁혀진 것은 아니지 않은가? 아무리 30리로 부른다 해도 거리는 50

리인 채 그대로 남아 있지 않은가? 달라진 것은 말뿐이지 아무 것도 없다. 나는 이 마을을 떠나겠다."

그러나 마을 사람들은 왕의 말을 끝까지 믿었다. 그래서 그들은 마을을 떠나지 않았다.

35 거울 속의 사나이

가난하고 능력 없는 사람이 있었다. 그는 남에게 빚을 많이 졌으나 갚을 길이 없었다. 생각 끝에 그는 아무도 모르는 곳으로 도망치기로 했다. 그것밖에 빚 독촉을 피할 방법이 없었다.

그가 도망친 곳은 넓은 도시였다. 그곳에

서 그는 행운을 만났다. 보물이 가득 찬 보물 상자를 얻게 된 것이다.

보물 상자는 겉모습부터 화려했다. 겉에는 유리거울이 둘러져 있었다. 가난한 사람은 이제 빚도 갚고 부자가 될 수 있다는 기대로 싱글벙글 기쁨을 감추지 못했다.

사나이는 보물 상자를 아무도 없는 곳으로 옮겨갔다. 혹 강도라도 나올까 두려워서였다. 주변에 아무도 없는 것을 확인한 사나이는 드디어 회심의 미소를 지으며 보물 상자를 열려고 했다. 그런데 이게 어찌된 일인가? 보물 상자의 거울 속에 갑자기 어떤 사나이가 웃으면서 나타나는 것이었다. 사나이는 깜짝 놀랐다. 그랬더니 보물 상자 거울 속의 사나이도 깜짝 놀라는 것이었다.

사나이는 갑자기 두려운 생각이 들었다.

거울 속의 사나이가 주인이라면 자기를 도둑으로 몰테니 큰일이었다. 사나이는 상자 뚜껑을 열지도 못하고 거울 속의 사나이에게 합장을 하며 변명을 했다.

"나는 이 상자에 보물이 들어있다고 생각하지 않았다. 빈 상자인 줄 알았다. 정말로 당신이 이 상자의 주인인 줄 몰랐다. 그러니 화 내지 않았으면 좋겠다."

그랬더니 거울 속의 사나이도 합장을 하는 것이었다. 사나이는 그가 자기의 변명을 듣고 용서하는 줄 알고 재빨리 뒷걸음질을 해서 도망쳤다.

36 수행자의 눈빼는 어리석음

어떤 사람이 산에 들어가 신선술을 닦아서 신통(神通)을 얻었다. 그가 얻은 신통은 능히 땅속에 있는 것까지 꿰뚫어 볼 수 있는 능력(天眼通)이었다.

국왕이 이 소문을 듣고 기뻐하면서 한 신하에게 말했다.

"어떻게 하면 그 사람이 다른 나라로 가지 않고 이곳에 머물게 할 수 있을까?"

왕의 속셈은 그의 신통력을 이용해 땅속의 보물을 캐내 창고를 가득 채우기 위한 것이었다. 국왕의 말을 들은 신하는 그가 있는 곳으로 가서 그의 두 눈을 뽑아 왔다.

"대왕이시여, 그의 신통한 눈을 뽑아 왔습니다. 그는 이제 아무 곳으로도 가지 못하고 항상 이 나라에 있을 것입니다."

그러자 왕이 놀라서 말했다.

"내가 사람을 여기에 있도록 욕심을 낸 것은 땅속에 묻혀 있는 보물을 보기 위함이었는데 네가 지금 그의 두 눈을 뽑아 왔으니 그가 어떻게 그 일을 할 수 있겠는가?"

왕은 어리석은 신하의 잘못된 행동에 한숨만 쉬었다.

37 목동의 자포자기

250마리나 되는 소를 키우는 사람이 있었다. 그는 항상 때가 되면 풀이 있는 곳으로 소를 몰고 가 풀을 뜯게 했다.

어느 날이었다. 그날도 소를 몰고 나가 풀

을 뜯게 했다. 소들은 한가롭게 풀을 뜯었다. 사나이는 느긋한 마음이 되어 한눈을 팔았다.

그때였다. 어디선가 호랑이 한 마리가 나타나 소 한 마리를 잡아먹었다. 사나이는 낙심천만이었다.

'아, 한 마리를 잃었으니 이제 250마리라는 숫자는 완전해질 수 없게 됐구나. 나머지는 있으나마나 쓸모가 없게 되었구나.'

이렇게 탄식한 사나이는 곧 소 떼를 깊은 구덩이와 높은 언덕으로 몰고 가 밀어 넣어 죽여 버렸다. 사나이의 얼굴에는 짙은 슬픔의 그림자가 지워지지 않았다.

채우려는 욕심에 모든 재산을 잃은 목동의 어리석음에 사람들은 비웃음만 보냈다.

▨38 더 이상 필요 없는 물

어떤 사람이 길을 가다가 목이 말랐다. 어디에 마실 물이 없을까 하고 살피던 그는 마침 나무 홈통을 타고 맑은 물이 흐르는 것을 발견했다.

그는 나무 홈통을 타고 흐르는 물을 실컷 마셨다. 그리고 얼굴도 씻고 머리도 감았다. 그랬더니 한결 시원했다.

물을 다 마신 그는 이제 더 이상 물이 필요 없었다. 그래서 나무 홈통에 대고 이렇게 말했다.

"이제 물을 실컷 마셨으니 더 이상 물을 흘려 보내지 말아라."

그러나 나무 홈통에서는 계속 물이 흘러내렸다. 몇 번을 말했지만 결과는 똑같았다.

그는 화를 내면서 말했다.

"이제 물은 필요 없대두. 물을 흘려보내지 말라는데 왜 자꾸 흘려보내는가?"

이때 어떤 사람이 그 옆을 지나가다 이를 보고 비웃으며 말했다.

"이 사람아, 물을 다 마셨으면 네가 떠나면 될 것을, 왜 홈통보고 물을 흘려보내지 말라고 하는가?"

높은 곳에서 낮은 곳으로 흐르는 것이 물이 아니던가. 사물의 이치를 모르는 어리석음에서 오는 무지의 소견이라.

39 최선과 최악 사이

어떤 사람이 남의 집을 방문하게 되었다.

그 집주인은 마침 담벽을 바르고 있었는데 그 바탕이 편편하고 깨끗해서 보기에 아주 좋았다. 그가 궁금해 주인에게 물어보았다.

"진흙에 무엇을 섞어 바르기에 이처럼 보기에 좋은가?"

"벼와 보리를 물에 푹 담가 두었다가 그것에 진흙을 섞어 바르면 이렇게 된다네."

주인의 설명을 들은 그는 이렇게 생각했다.

'벼와 보리를 섞어서 쓰는 것보다 벼만 쓴다면 벽이 더 희고 깨끗해질 것이다. 진흙도 잘 섞일 것이고……'

그는 벼가 보리보다 더 좋은 것이므로 좋은 것만 쓰면 더 좋을 것이라고 판단한 것이다.

그는 집에 돌아오는 즉시 곧 벼만 물에 담

갔다가 그 물에 진흙을 섞어 벽을 발랐다. 그러나 어찌된 노릇인지 진흙도 잘 섞여지지 않을뿐더러 벽도 잘 발라지지 않았다. 결국 그는 벽만 버리고 말았다.

40 환자도 대머리, 의사도 대머리

한 작은 마을에 어떤 사나이가 있었다. 그에게는 고민이 한 가지 있었다. 머리에 털이 하나도 없는 대머리 때문이었다. 마을 사람들은 '머리카락이 없으니 머리 손질할 일도 없고 편해서 좋겠다.'고 말했지만 그것은 단지 위로의 말에 불과했다. 사람들은 돌아서면 '대머리가 거울처럼 반짝거린다.'는 둥 우스갯소리로 놀려댔다.

대머리가 사람들의 놀림감이 되는 것도 기분 나쁘지만 더욱 그를 괴롭힌 것은 대머리 그 자체였다. 머리털이 없으니 여름에는 덥고 겨울에는 추웠다. 또 모기나 벌레가 덤벼들어 물었다.

　이렇게 밤낮으로 괴로움을 당하던 그는 어느 날 용한 의사가 있다기에 찾아갔다. 어떻게 약으로 고칠 방법이 없을까 싶어서였다.

　"선생님, 저는 머리에 털이 하나도 없어서 여러 가지로 고통 받고 있습니다. 제발 좀 저를 치료해 주십시오."

　그런데 그 의사 또한 대머리였다. 의사는 자기가 쓰고 있던 모자를 벗으면서 사나이에게 말했다.

　"손님, 사실은 나도 그 대머리 때문에 고

생을 하고 있소. 만일 내가 그 병을 고칠 수
있다면 먼저 내 대머리부터 고쳐서 이 고통
에서 벗어나고 싶소."

사나이는 더 이상 할 말이 없었다.

41 옛날얘기 속의 어부지리

아주 먼 옛날 '비서사'라는 이름의 귀신같
은 사나이 둘이 있었다. 그들은 한 개의 상
자와 한 개의 지팡이 그리고 신발 한 켤레를
놓고 싸우고 있었다. 그 물건을 서로 차지하
겠다는 싸움이었다.

싸움은 해가 뜨고 해가 지고 또 해가 뜰
때까지 끝나지 않았다. 한 사나이가 지나가
다가 이를 보고 그 까닭을 물었다.

"이 상자와 지팡이와 신발은 보아 하니 별로 중요한 것 같지도 않은데 왜 그걸 놓고 그렇게 다투는가?"

　"그런 소리하지 마시오. 이 상자에는 이 세상에서 가장 좋은 옷과 음식과 모든 생활 도구가 들어 있고, 이 지팡이를 잡으면 어떤 원수도 모두 항복을 하는 위력을 가졌고, 저 신발을 신으면 공중으로 날아다닐 수 있는 신비한 힘을 가지고 있소. 그러니 어찌 소중하다고 하지 않겠소."

　"아, 그런가? 참으로 소중한 보물이 틀림 없구먼. 그러나 서로 다툰대서야 누가 차지할 수 있겠는가? 내가 그대들의 다툼을 해결해 주리다."

　사나이가 중재에 나서겠다는 말에 귀신 같은 사나이들은 그렇게 하라면서 상자와 지팡이와 신발을 맡겼다. 그러자 사나이는 신발을 신고 지팡이와 상자를 들고 공중으로 날아가 버렸다. 귀신같은 사나이들은 깜짝 놀랐으나 어쩔 수가 없었다. 그때 공중으로 날아오른 사나이가 그들에게 말했다.

"너희들은 섭섭하게 생각하지 말라. 서로 다투는 것을 지금 내가 가져간다. 이제부터 너희들은 다투지 않게 되었다. 그러니 고맙게 생각해라."

42 비단으로 덮은 낙타가죽

비단을 파는 장사꾼이 있었다. 낙타에 짐을 싣고 먼 나라에 가서 물건을 파는 무역상(貿易商)이었다.

어느 때인가 그는 하인들을 데리고 장사를 떠났는데 도중에 낙타 한 마리가 죽었다. 그 낙타는 많은 비단과 보물, 잡화를 싣고 있었으므로 입장이 매우 난처했다.

주인은 낙타가 죽자 하인들에게 가죽을 벗기고 나머지는 버리게 한 뒤 이렇게 당부했다.

"낙타가죽을 잘 보살펴서 젖거나 썩게 하지 말라."

그런데 얼마쯤 지나자 갑자기 비가 쏟아졌다. 하인들은 주인이 낙타가죽이 젖거나 썩게 하지 말라고 당부한 터라 비단을 꺼내 낙타가죽을 덮었다. 이로 인해 비싼 비단은 모두 썩어 못 쓰게 되었다.

"이 고지식한 사람들아. 낙타가죽과 비단 중 어느 것이 더 비싸고 소중한가? 내가 언

제 비단으로 낙타가죽을 덮으라고 했단 말
인가? 비단으로 낙타가죽을 덮어서, 비싼
비단이 못 쓰게 되지 않았는가?"

주인은 깊은 한숨을 쉬며 망연자실했으
나 이미 소용없는 일이었다.

43 큰 노력 작은 결실

한 사나이가 있었다. 그는 어떤 일을 하던 매우 열심이었다.

어느 날 그는 자신의 능력을 남에게 과시할 방법이 없을까를 생각하다가 큰 돌을 갈아 장난감 소(牛)를 만들기로 했다.

'내가 돌을 갈아 소를 만들어 놓으면 사람들이 깜짝 놀라겠지?'

그날부터 그는 부지런히 돌을 갈아 장난감 소를 만들었다. 거의 침식을 잊을 정도로 열심이었다. 사람들은 그의 집념에 혀를 내둘렀다. 그러나 오랜 세월 동안 힘든 노력 끝에 그가 완성시킨 것은 보잘 것 없는 장난감 소였다.

사람들은 그 소를 보고 놀라움을 나타내기보다는 '힘든 고생과 노력 끝에 겨우 이런 것을 만들었다.'고 말했다. 사람들의 얼굴에는 장하다는 칭찬보다 어리석다는 비웃음이 담겨 있었다.

44 떡 반 개 먹고 배부른 사람

어떤 사람이 배가 몹시 고팠다. 다행히 일곱 개의 떡을 구해 허겁지겁 먹었다. 그 떡은 조금 크게 빚은 것이어서 여섯 개 반을 먹자 벌써 배가 불렀다.

'내가 지금 배가 부른 것은 이 반 개의 떡 때문이다. 앞에 먹은 여섯 개는 공연히 헛수고로 먹은 것이다. 진작 반 개만 먹어도 배가 부른 줄 알았더라면 여섯 개를 다 먹을 것이 아니라 반 개를 먼저 먹었을 것을······.'

그는 스스로 자기가 어리석어서 그렇다고 부끄러워하며 화를 냈다.

45 보물은 놔두고 문만 지킨 하인

주인이 멀리 외출을 하면서 하인에게 문단속을 당부했다.

"항상 창고문을 잘 지켜야 한다. 나귀도 잘 살피고, 밧줄을 풀어놓아서도 안 된다."

주인이 외출을 한 지 얼마 되지 않아 이웃집에서 풍악놀이가 열렸다. 하인들은 그것이 보고 싶어 견딜 수가 없었다. 그래서 하인은 꾀를 냈다. 문짝을 뜯어서 나귀의 등에 싣고 밧줄로 단단히 묶었다. 그리고 나귀를 몰고 이웃집으로 가서 풍악놀이를 즐겼다.

집 지키는 사람이 밖으로 나가자 도둑이 들었다. 도둑은 문짝마저 떨어져 나간 창고에 들어가 값진 보물을 있는 대로 훔쳐서 달아났다.

주인이 집에 돌아와 보니 난장판이었다.

"도대체 어떻게 집을 지켰길래 이 모양이냐?"

"어르신께서 외출을 하면서 문과 나귀와 밧줄을 잘 지키라고 하시지 않았습니까? 저는 분부대로 그것만을 지켰을 뿐입니다. 그밖에는 잘 모르겠습니다."

하인의 천연덕스러운 대답을 듣고 주인

은 기가 막혔다.

"내가 너를 남겨두고 문을 지키라고 한 것은 그 속에 있는 재물을 지키기 위함인데, 재물을 모두 잃어버렸으니 문짝이 무슨 소용인가?"

46 세상에 둘도 없는 거짓말

어떤 마을 사람들이 남의 소를 훔쳐다가 잡아먹었다. 소를 잃은 사람이 그 흔적을 찾아 마을까지 와서 한 사람을 붙들고 물었다.

"당신은 이 마을에 살지요? 혹시 소 한 마리를 보지 못했습니까?"

"나에게는 마을이 없습니다."

그는 얼굴색도 변하지 않은 채 시치미를

떴다.

"이 마을 한복판으로 냇물이 흐르고 있는데, 거기에 가 보니 소를 잡은 흔적이 있더군요. 거기서 고기를 나누어 먹지 않았습니까?"

"우리 마을에는 시냇물이 없습니다."

"뭐라고요? 시냇가에는 불을 지피다 남은 나무가 있던데."

"우리 마을에는 나무가 없습니다."

"여보시오. 시냇물은 여기서 보면 동쪽에 있지 않소? 그 동쪽으로 소를 몰고 가지 않았소?"

"우리 마을에는 동쪽이 없습니다."

"허참, 당신들이 소를 훔쳐 올 때가 한낮이었다고 말하는 사람이 있는데두."

"우리 마을에는 한낮이 없습니다."

"비록 당신이 마을도 없고 시냇물도 없고 나무도 없다고 하지만 어찌 천하에 동쪽이 없고 한낮이 없을 수 있겠소. 당신이 하는 말은 모두 거짓말이고 믿을 수가 없소. 그러나 아무리 당신이 거짓말을 한다 해도 소를 훔쳐서 잡아먹은 것만은 분명한 사실이오."

소를 잃은 사람이 그의 눈을 똑바로 쳐다보며 말했다. 그러자 그도 사실 그 자체는 속일 수 없었다.

"사실은 소를 훔쳐서 잡아먹었습니다. 용서해 주십시오."

47 꽃을 훔치려던 사나이의 실수

그 나라의 풍습은 매우 아름다웠다. 명절

이 되면 젊은 여자들은 머리에 우담바라 꽃으로 장식을 했다. 젊은 여자들은 이 꽃으로 장식된 관을 쓰는 것이 큰 기쁨이었다.

어떤 가난한 사람의 아내도 명절이 되면 이 꽃 관을 쓰고 싶어 했다. 그녀는 명절을 앞두고 남편에게 말했다.

"당신은 정말로 저를 사랑하나요? 사랑하신다면 명절날 저에게 우담바라 꽃으로 장식된 꽃 관을 씌워주세요. 사랑하지 않는다면 꽃 관을 씌워 주지 않아도 돼요. 그러나 당신이 저를 사랑하지 않는다면 저는 당신 곁을 떠나겠어요."

사나이는 난감했다. 아내를 사랑하는 마음은 누구보다 열렬하지만, 아내가 원하는 귀한 우담바라 꽃을 구할 능력이 그에게는 없었다. 그러나 어쩌는가, 아내가 그토록 소

원하는 것을. 그는 아내를 위해 궁중의 연못
에 만개한 우담바라 꽃을 훔치기로 했다.

그는 다행히 한 가지 재주가 있었다. 원앙
새 울음소리 흉내 내는 것이었다. 그는 새소
리를 흉내 내면서 연못가에 접근해 꽃을 훔
쳤다. 그때 연못을 지키는 병사가 순찰을 나
왔다가 물었다.

"너는 누구냐?"

"나는 원앙새다."

"뭐라고? 말하는 원앙새도 있느냐?"

그는 순찰병사에게 잡혀서 끌려가는 신
세가 되었다. 그는 끌려가면서 다시 원앙새
울음소리를 냈다. 원앙새를 가장하기 위해
서였다. 그 소리를 듣던 병사가 말했다.

" 이 사람아, 원앙새 울음소리를 흉내 내
려면 아까 내가 '누구냐'고 했을 때 내야지

잡혀가면서 원앙새 흉내를 내면 뭣하나."
거짓은 언젠가는 밝혀지게 되어 있다.

48 여우의 오해

여우 한 마리가 나무 밑에서 쉬고 있었다. 그런데 갑자기 바람이 불어서 나뭇가지가 부러져 여우의 등에 떨어졌다. 여우는 깜짝 놀라 어떻게 된 일인지 알아볼 여유도 없이 멀리 도망을 쳤다.

한참을 도망치다 보니 날이 저물었다. 여우는 몹시 피곤했다. 목도 말랐다. 그때서야 허리를 펴고 사방을 둘러보았다. 어디선가 시원한 바람이 불어왔다. 그 바람으로 인해 나뭇가지가 가볍게 흔들렸다. 그것은 마치

여우에게 어서 오라고 손짓하는 것 같았다.
여우는 혼자 생각했다.
　'나를 나무 밑으로 오라고 부르는 것이로
구나.'
　여우는 다시 나무 밑으로 돌아갔다.

49 들어도 어리둥절한 대답

　두 어린이가 냇물에 들어가 멱을 감고 놀
다가 물 밑에서 털(毛) 한 줌을 발견했다. 두
어린이는 이 털이 어떤 털인지에 대해 언쟁
을 벌였다.
　"아무리 보아도 이건 신선의 수염이 분명
해. 이렇게 보드랍고 멋있는 털은 신선이 아
니면 기를 수 없어."

"신선은 무슨 신선. 내가 보기에는 곰의 털이야. 보기에만 그렇지 만져 보면 꺼끌꺼끌 하잖아."

"아니야. 아무래도 신선의 수염이야."

"아니래두. 곰의 털이야."

두 어린이의 다툼은 그칠 줄 몰랐다.

마침 그때 강가에는 어떤 선인(仙人)이 살고 있었다. 그는 늘 사람들에게 세상일에 모두 달통한 것처럼 행세해 왔었다. 어린이들은 그를 찾아가서 의심나는 것을 해결해 달라고 했다.

선인은 어린이들의 질문을 받고 보따리에서 쌀과 깨를 꺼내 입에 털어 넣었다. 그리고 그것을 꼭꼭 씹다가 다시 손바닥에 뱉어 놓고 아이들에게 말했다.

"지금 내 손바닥에 놓인 것은 공작의 똥

과 같다."

"???"

아이들은 선인의 대답이 무슨 말인 줄 몰라 어리둥절했다.

50 병 고치다가 사람 죽인 의사

어떤 꼽추가 있었다. 보기에도 안 좋을뿐더러 무엇보다 생활하는 데 불편해서 견딜수가 없었다. 그는 용하다는 의사는 모두 불러 꼽추병을 고치려고 치료를 받았다. 하지만 허사였다. 그는 절망했다.

그러던 차에 또 한 사람의 의사를 만났다. 꼽추는 자신의 병을 고칠 수 있겠느냐고 물었다.

"문제없소. 지금까지의 의사들은 치료법을 몰라 고치지 못했을 뿐이오."

"정말 자신이 있소?"

꼽추는 희망에 들떠 재차 확인했다.

"물론이오. 내가 하자는 대로만 하면 틀림없이 고칠 수 있소."

꼽추는 마지막 기대를 걸고 그에게 모든 치료를 맡겼다.

그의 치료방법은 좀 독특했다. 환자의 웃옷을 벗기고 꼽추의 혹이 나온 부분에 무슨 기름을 발랐다. 그런 뒤 바닥에 널판지를 깔고 환자를 그 위에 엎드리게 했다. 그리고 그 위에 다시 널판지를 올려놓았다. 준비가 끝난 의사는 그 널판지 위에 올라가 펄쩍 뛰었다가 있는 힘을 다해 환자를 내려 밟았다. 꼽추는 등뼈가 부서지면서 두 눈알이 튀어

나왔다. 그는 비명을 지르며 죽었다.

그 의사는 돌팔이었다.

51 다섯 명의 똑똑한 바보

홀아비 다섯 명이 있었다. 여자도 없이 남자 다섯이 지내려니 여간 불편하지 않았다. 그들은 머리를 맞대고 의논한 끝에 돈을 모아 여자하인 한 사람을 고용했다.

여자하인이 들어오자 한 사나이가 먼저 귀찮은 빨래부터 맡겼다.

"이 옷을 좀 빨아라."

이를 본 또 한 사나이도 말했다.

"이 옷도 좀 빨아라."

그러자 여자하인이 말했다.

"저 아저씨의 옷을 먼저 빨게 돼 있는데
요. 아저씨 옷은 그 다음에 빨면 어떻겠습니
까?"

"그건 안돼. 너를 고용하는데 우리 다섯
이 똑같이 돈을 냈다."

이 말을 들은 다른 네 사나이도 똑같은 요
구를 했다. 여자하인이 어쩔 줄 몰라 했다.
사나이는 화를 내면서 여자하인에게 매를
열 대 때렸다. 다른 네 명도 똑같이 열 대씩
때렸다. 여자하인은 고통을 참지 못해 기절
하고 말았다.

52 연주료 못 받게 된 음악가

비파를 잘 다루는 악사(樂士)가 있었다. 그

의 연주 솜씨는 듣는 사람의 가슴을 저리게
했다. 이 소문을 들은 왕이 그의 연주를 한
번 듣고자 원했다.

"나를 위해 비파를 연주해 다오. 그러면
천 냥을 상금으로 내리리라."

악사는 왕을 위해 뛰어난 솜씨로 연주를
했다. 왕은 매우 흡족해했다. 악사가 연주를
끝내고 왕에게 약속한 돈 천 냥을 달라고 했
다. 그러나 왕은 돈을 주지 않았다. 악사가
왕에게 물었다.

"대왕이시여. 혹시 연주가 마음에 들지
않으셨는지요?"

"아니다. 아주 즐거웠다."

"그러면 왜 약속한 천 냥을 주지 않는 것
입니까?"

왕은 빙글빙글 웃으며 대답했다.

"네가 연주한 음악은 단지 내 귀를 즐겁게 했을 뿐이다. 내가 너에게 돈을 주겠다고 한 것도 네 귀를 즐겁게 하기 위해서였을 뿐이다."

53 스승님 다리 부러뜨리기

어떤 스승이 두 명의 제자를 두었다.

그 스승은 다리에 신경통이 있어서 늘 고통을 받았다. 그래서 스승은 시간만 나면 제자들을 시켜 다리를 주무르게 했다.

그런데 두 제자는 불행하게도 서로 사이가 좋지 않았다. 틈만 나면 무슨 트집이든 잡아 서로 으르렁거리며 싸웠다.

스승이 아무리 혼을 내고 타일러도 허사

였다. 다른 말은 다 들어도 둘이 서로 질투하지 말고 싸우지 말라는 가르침은 듣지 않았다.

그날도 스승은 몹시 다리가 아파 두 제자를 불러 다리를 주무르게 했다. 두 제자가 한자리에 모이자 그들은 또 서로 질투하고 미워했다. 한 사람이 스승에게 잘 보여서 또 한 사람을 쫓아내기 위해 갖은 궁리를 다했다.

'옳지, 좋은 수가 있다. 저 친구가 주무르는 스승님의 다리를 부러뜨리자. 그러면 저 친구는 스승님의 미움을 받아 쫓겨나게 되겠지.'

제자 한 사람이 이렇게 꾀를 내고 몰래 밖에 나가 큰 돌을 가져다가 스승의 다리를 내려쳐 부러뜨렸다. 그러자 다른 제자는 몹시 분해하면서 자기도 돌을 가져다가 나머지 한 쪽 다리를 부러뜨렸다. 서로에게 잘못을 떠넘기기 위함이었다.

두 제자의 미움과 질투 때문에 다리를 못 쓰게 된 스승은 그들을 모두 쫓아내고 말았다.

54 불구덩이에 떨어진 뱀

뱀 한 마리가 있었다. 머리가 둥글고 꼬리가 미끈한 잘 생긴 뱀이었다.

뱀의 머리와 꼬리는 서로 협조해서 항상 먹이사냥을 했다. 꼬리가 나무토막처럼 뻣뻣하게 위장을 하고 있으면 먹이들은 아무런 의심 없이 뱀 곁으로 지나갔다. 이때 머리는 재빠르게 먹이를 잡아먹는다.

그런데 어느 날 꼬리가 가만히 생각해 보
니 무엇인가 좀 억울한 것 같았다. 꼬리는
항상 머리에 질질 끌려가고 먹이는 항상 머
리만 먹는 것이었다. 꼬리는 머리에게 이제
서로 역할을 바꾸었으면 좋겠다고 말했다.

"어이 머리, 이제는 내가 끄는 대로 가야
돼. 항상 너만 앞으로 나가고 나는 뒤따라
다니는 것은 부당해."

"왜 내가 항상 너를 끌고 다녀서 뭐 잘못
된 점이라도 있냐? 지금까지 우리는 잘해
왔는데 갑자기 왜 그래?"

머리는 꼬리의 주장을 무시하고 자기가
앞으로 나가려고 했다. 화가 난 꼬리는 나뭇
가지에 꼬리를 칭칭 감아버렸다.

"어디, 앞으로 나갈 테면 나가 봐라."

머리는 꼬리가 나무에 몸뚱이를 감아버리자 꼼짝할 수 없었다. 머리는 할 수 없이 꼬리가 하자는 대로 내맡길 수밖에 없었다. 그러나 얼마 가지 않아 이 뱀은 돌이킬 수 없는 불행에 빠졌다.

꼬리에는 눈이 없기 때문에 길을 잘못 들어 시뻘건 불구덩이에 떨어지고 만 것이다.

55 이발사가 된 대신

그는 매우 충직한 신하였다. 왕을 위해서는 자신의 목숨마저 돌보지 않았다. 왕은 그를 무척 신임했다.

어느 해 이 나라는 이웃 나라와 전쟁을 하게 되었다. 왕이 몸소 군병을 이끌고 전쟁에 나갔다가 매우 위험한 처지에 빠졌다. 충직한 신하는 자신의 안위를 돌보지 않고 용감히 싸워 왕을 안전하게 구했다. 전쟁이 끝난 뒤 왕은 감사의 뜻으로 그의 소원을 들어주려고 물었다.

"지난번 싸움 때 그대의 공은 땅을 덮을 만큼 컸도다. 내가 그대의 공을 치하하기 위해 그대의 소원을 들어주고자 하니, 지금 말하라."

그러자 충직한 신하가 엎드려 대답했다.

"대왕께서 수염을 깎으실 때 저를 시켜 깎는다면 무상의 영광이겠습니다."

"뭐라고? 수염 깎는 일이라고 했느냐?"

"네. 그러하옵니다."

"어째서 그런 일을 네가 하겠다고 하느냐? 그 일이라면 이발사가 적합하지 않느냐?"

"대왕이시여, 저는 언제나 대왕을 가까이서 모시고자 할 뿐입니다."

"그대의 충심(忠心)은 알겠다만, 어쩐지 어울리지 않다고 생각되는구나. 그러나 그대가 원한다면 그대의 소원대로 하라."

충직한 신하는 그때부터 왕의 수염 깎는 일을 하게 되었다. 이 소문을 들은 사람들은 이렇게 말했다.

"나라의 절반을 다스리는 재상이 될 수 있는데 구태여 수염 깎는 일이라니, 그는 어딘가 모자라는 사람인 모양이다."

충신이란 욕심을 부리지 않고 자기가 제일 잘 할 수 있는 일을 하는 것이 나라를 위하는 일이다.

56 '없는 물건'이라는 물건

어떤 사람이 친구와 같이 길을 가고 있었다. 그들 앞에는 수레꾼이 수레에 깨를 가득 싣고 갔다. 수레꾼은 언덕에 이르러 몹시 힘에 겨워하면서 이들에게 부탁을 했다.

"내가 몹시 힘드니 당신들이 나를 좀 도와주시오."

"우리가 당신을 도와주면 당신은 우리에게 어떤 보답을 하겠소?"

수레꾼은 '이 세상에서는 볼 수 없는 것을 주겠다.'고 말했다. 그들은 그 약속을 믿고 수레꾼을 도와 수레를 밀었다. 수레가 평지에 이르자 그들은 약속대로 수레꾼에게 그 물건을 달라고 했다.

"내가 뭐라고 했는가? 그 물건은 이 세상

에서 볼 수 없는 것이라고 하지 않았는가?
나는 이미 그 물건을 주었는데 당신들이 보
지 못했을 뿐이오."

　수레꾼이 웃으며 말했다. 그러자 한 사람
은 그 뜻을 알아차리고 떠나려 했으나 또 한
사람은 수레꾼에게 약속을 지키라고 닦달
을 했다.

　"여보시오, 조금 전에 했던 약속인데 땀
이 마르기도 전에 어떻게 다른 말을 하오.
군말하지 말고 이 세상에서는 볼 수 없다는
그 물건을 내놓으시오."

　"아, 글쎄 그것은 볼 수 없는 것이래두."

　"좋아요 좋아, 그 볼 수 없는 물건이라도
좋으니 그것을 내놓으란 말이오."

　그는 약이 올라 화를 냈다. 그러자 앞에서
보다 못한 친구가 말했다.

"여보게, 볼 수 없는 물건이란 본래 없는 것이나 다름없네. 만약 있다면 그것은 '없는 물건(物件)'이란 이름뿐이네. 그러나 그것 또한 '거짓 이름(假名)'에 불과하여 결국 저 수레꾼은 아무것도 주지 않겠다고 말한 것이네."

친구가 이렇게 설명했으나 그는 무슨 뜻인지 알아듣지 못하고 고개만 갸우뚱했다.

다 · 섯 · 째 · 마 · 디

57 아첨하기 경쟁

옛날 어떤 부자가 있었다. 그의 좌우에는 많은 사람들이 모여들어 환심을 사기 위해 온갖 아첨을 다했다. 그들은 만일 부자가 가래침이라도 뱉으면 다투어 나서서 그것을 발로 비벼서 지웠다.

어느 날 그 부자의 집에 또 한 사람의 식객이 찾아왔다. 그도 부자에게 아첨을 하려고 했으나 도무지 기회가 오지 않았다. 그는 생각 끝에 비상한 방법을 찾아내었다.

'다른 사람들은 가래침을 뱉고 밟지만 나는 뱉기 전에 밟으리라.'

묘안을 생각해 낸 그는 때가 오기만을 기

다렸다. 얼마 되지 않아 마침내 아첨을 보여
줄 때가 왔다. 부자가 방에서 나와 마당을
거닐다가 막 가래침을 뱉으려 하는 것이었
다. 그는 재빨리 달려가 발을 들어서 부자의
입을 사정없이 밟았다. 그 때문에 부자는 입
술이 터지고 이빨이 부러졌다.

"아니 이게 무슨 짓이냐."

부자가 화를 내며 말했다. 그는 회심의 미
소를 지으며 대답했다.

"주인어른의 가래침이 입에서 나와 떨어
지면 다른 아첨꾼들이 달려가 밟아서 지웁
니다. 저도 그렇게 하려고 했으나 도저히 기
회가 오지 않았습니다. 그래서 가래침이 나
오기 전에 밟으려고 입을 밟았습니다. 이만
하면 제가 다른 사람보다 더 뛰어난 아첨꾼
이라고 생각되지 않으십니까? 그러니, 이제

는 저를 다른 사람보다 더 신임해 주셨으면
합니다."

하고 너스레를 떨었다.

58 공평하게 재산 나누는 법

어떤 귀족이 두 아들을 두었다. 그는 늙고
병이 위중하여 오래 살지 못할 것을 알았다.
귀족은 두 아들을 불러서 자신이 죽고 난
다음의 일을 부탁하였다.

"나는 이제 더 이상 오래 살지 못할 것 같
구나. 그래서 유언을 남기고자 하니, 잘 들
었다가 그대로 하도록 하여라. 나의 재산은
어디어디에 얼마가 있다. 이 재산은 너희 둘
이서 똑같이 나누어 가져라. 누가 많고 적으

면 형제간의 불화의 원인이 된다. 그러니 반드시 똑같이 나누어야 한다."

두 아들은 아버지가 돌아가신 후 유언에 따라 재산을 나누려고 했다. 그런데 여러 가지 재산을 조금도 기울지 않게 나눈다는 것이 여간 어렵지 않았다. 형이 흡족하면 동생이 불만이고, 동생이 흡족하면 형이 불만이었다. 그때 이웃집 노인이 찾아와 공평하게 유산 나누는 법을 이렇게 일러주었다.

"모든 재산을 부수어서 두 몫을 만들면 된다. 옷은 반을 찢어 나누고 밥상이나 항아리도 부수어서 나누고, 돈도 찢어서 둘로 나누어 가져라. 이것이 가장 공평하게 재산을 나누는 법이다."

두 형제는 노인의 말대로 모든 재산을 한군데로 모아서 찢고 부순 뒤 공평하게 두 몫으로 나누어 가졌다.

　그러나 그들의 재산은 쓰레기와 다름이
없었다.

59 한눈팔다가 배곯은 사나이

　두 사나이가 있었다. 이들은 동네 밖에 있
는 옹기장이네 집으로 놀러갔다. 마침 옹기
장이는 물레를 돌려 오지그릇을 만들고 있
었다. 두 사나이는 신기해하면서 물레 돌리
는 모습을 구경했다.

　시간이 한참 지나자 그들은 배가 고팠다.
그러나 구경이 워낙 재미가 있어서 자리를
뜨지 못했다. 그때 한 사나이가 배고픔을 참
다못해 식사하러 가자고 말했다. 그런데도

친구는 좀처럼 자리를 뜨지 않으려 했다. 그
러자 그 사나이는 하는 수 없이 먼저 일어났
다.

밖으로 나온 그는 어떤 큰 잔치를 여는 집
에 가게 되었다. 그 집의 주인은 그날 무슨
좋은 일이 있었던지 많은 사람들을 초대해
음식을 대접하고 후한 선물까지 들려서 보
냈다. 그는 배불리 먹고 선물까지 받는 횡재
를 만났다.

돌아오는 길에 친구의 일이 궁금해 옹기
장이네 집에 들러 보았다. 그때까지 그의 친
구는 오지그릇 만드는 구경에 정신이 팔려
자리를 뜨지 않고 있었다. 그는 좋은 음식과
후한 선물을 준다는 잔칫집 얘기를 들려주
었다. 그러나 이 친구는 아직도 구경에 정신
이 팔려 이렇게 말하는 것이었다.

"조금만 더 구경하고 같이 가도록 하세."

결국 그는 배도 곯고 선물도 받지 못하고 말았다.

60 물속에 비친 황금 그림자

어느 마을에 한 젊은이가 살고 있었다. 어느 날 그는 맑고 고요한 연못으로 산보를 갔다. 그 연못 속에는 순금이 반짝반짝 빛나고 있었다. 젊은이는 '이게 웬 떡이냐.' 하면서 물속에 들어가 순금을 건져 올리려고 하였다.

그런데 어쩐 일인지 그가 물속에 들어가면 순금이 금방 사라졌다. 그리고 한참이 지나 다시 연못이 맑고 고요해지면 또 순금이 나타났다. 젊은이는 다시 연못에 들어가 순금을 건져 올리려고 물속에 들어갔다 나왔다 했다. 그러는 사이에 그는 몹시 지쳐서 저녁 무렵에는 아주 녹초가 되다시피 했다. 한편 젊은이의 아버지는 아들이 아침나절에 산보를 나갔다가 돌아오지 않자 근심이 돼서 연못가로 찾으러 왔다. 아들은 물에 빠진 생쥐 꼴이 되어 몹시 지쳐 있었다.

"아니, 예야 어찌된 일이냐?"

"아버지, 이 연못 속에 순금이 있는데 건지려고만 하면 사라져요. 하루 종일 순금을 건지려다가 이렇게 지쳤어요."

아버지는 아들의 말을 듣고 연못 속을 살펴보았다. 물속에는 순금의 그림자가 비치고 있었다. 아버지는 연못가의 나무 위에 있는 순금이 물속에 그림자로 비치고 있는 것을 알았다. 아버지는 아들을 시켜 나무에 올라가 가지 사이에 끼어 있는 순금을 찾아 가지고 오게 했다. 아들은 아버지의 말대로 순금을 찾아냈다.

"아버지는 어떻게 나뭇가지에 순금이 끼어 있는 것을 아셨어요?"

아들이 물었다. 아버지는 빙그레 웃으면서 그 아들에게 말했다.

"아마 새가 금을 물고 날아가다가 나무 위에 두고 간 것이겠지. 그 그림자가 연못에 비쳐서 네가 착각한 모양이로구나."

아버지와 아들은 뜻하지 않은 순금을 얻어 유쾌한 기분으로 집으로 돌아왔다.

61 만물의 형상 만들기

손재주가 좋은 사람이 있었다. 그는 어떤 형상이나 물건이든 못 만드는 것이 없었다. 그러나 그는 아주 겸손했다. 남보다 잘났다고 뽐내는 일이 없었다.

그에게는 못난 제자가 한 명 있었다. 그는 스승의 재주를 자기의 재주로 착각하고 으스댔다. 그 제자가 어느 날 외출을 했다가 외도(外道)를 믿는 사람을 만났다. 외도를 믿는 사람이 말했다.

"하늘에 있는 신(大梵天王)이 이 세상을 만들었다. 그 신이 이 세상의 만물의 아버지다."

이 말을 들은 제자가 반박했다.

"그렇지 않다. 나도 만물을 만들 수 있다."

큰 소리를 치고 돌아온 제자는 스승에게
자기도 만물을 만들어 보고 싶다고 졸랐다.
스승은 '아직 너는 그럴만한 재주가 없다.'
고 타일렀다. 그러나 제자는 오히려 자존심
이 상했다. 그래서 스승의 허락도 없이 여러
가지 형상을 만들었다. 이를 본 스승이 말했
다.

"네가 만든 것은 도무지 균형이 잡혀 있
지 않다. 머리는 너무 크고 목은 너무 가늘
다. 손은 너무 크고 팔은 너무 짧다. 다리는
너무 가늘고 발꿈치는 너무 크다. 네가 만든
형상은 차라리 귀신같구나."

62 환자의 태도

어떤 사람이 병이 들어 위독한 지경에 이르렀다. 그는 용한 의사에게 자신의 병을 보이고 치료할 방안을 물었다. 의사는 그의 병을 진찰한 뒤 이렇게 일러주었다.

"병이 몹시 깊어 위험하지만 못 고칠 병은 아니다. 내가 처방을 내릴 테니 그대로 하라. 어떻게 하느냐 하면, 꿩고기만 먹고 다른 것은 먹지 말아라. 그러면 병을 고칠 수 있으리라."

처방을 받은 그는 시장에 가서 꿩 한 마리를 샀다. 그러나 그는 그것만을 먹고 더 먹지 않았다. 며칠 뒤 의사가 지나가다가 그를 보고 물었다.

"요즘 꿩고기는 잘 먹고 있는가. 병의 차

도는 좀 있는가?"

"꿩고기는 한 마리만 먹었습니다. 그리고 그 뒤로는 아무 것도 먹지 않았습니다."

"아니 왜 그런가?"

"전날 의사선생님께서 내게 꿩고기만 먹으라고 하지 않았습니까? 그래서 한 마리만 먹고 다른 것은 먹지 않았습니다."

의사는 한숨을 쉬며 말했다.

"여보시게, 꿩고기를 한번 먹었으면 계속 먹어야지, 어떻게 한 마리만 먹고 낫기를 바라는가. 이 한심하기 짝이 없는 사람아"

63 도망쳐야했던 이유

옛날 어떤 나라에 음악을 연주하는 악사

들이 있었다. 한 해는 흉년이 들어 먹을 것
이 궁해졌다. 그들은 상의한 끝에 흉년이 들
지 않는 이웃 나라로 옮겨가기로 했다.

　악사들은 무리를 지어 이웃 나라로 떠났
다. 도중에 높고 험한 산을 넘게 되었는데
그 산은 예로부터 사람을 잡아먹는 귀신이
나온다는 소문이 있었다.

　밤이 깊어 더 이상 걸을 수 없게 되자 그
들은 한곳에 모여 자기로 했다. 악사들은 바
람이 찼기 때문에 모닥불을 지피고 누웠다.

　악사들 가운데는 추위를 몹시 타는 사람
이 있었다. 그는 불을 피웠는데도 추워서 잠
을 못 자고 일어나서 모닥불을 쬐었다. 그래
도 추위를 견딜 수 없자 보따리 속에서 연주
를 할 때 쓰는 나찰의 옷을 꺼내 입었다.

　밤이 깊어지자 일행 중의 한 사람이 소변

이 마려워 잠을 깼다. 그런데 이게 웬일인가. 모닥불 옆에는 무서운 나찰이 앉아 있는 것이었다. 그는 무서워서 자세히 살펴볼 사이도 없이 소리를 지르며 도망을 치기 시작했다. 그 바람에 다른 사람들도 잠에서 깨어났다. 그들도 나찰을 보고 놀라서 도망을 쳤다.

나찰 옷을 입고 있던 사람은 동행들이 갑자기 뛰는 것을 보고 어디에서 나찰이 나타난 줄 알고 같이 뛰었다.

동행들은 나찰이 쫓아오는 것으로 알고 죽어라 하고 뛰었다. 이렇게 그들은 밤새도록 뛰었다.

날이 밝아올 무렵 도망치던 사람들은 기진맥진했다. 나찰 옷을 입은 사람도 역시 기진맥진했다. 그들은 도저히 뛸 수가 없어서

자리에 주저앉았다. 그때서야 그들은 나찰
옷을 입은 사람이 귀신이 아닌 것을 알게 되
었다.

64 귀신과 힘겨루기

오래된 집이 한 채 있었다. 사람이 살지
않는 폐가였다. 사람들은 그 집에서 귀신이
나온다고 하여 아무도 얼씬거리지 않았다.

마을을 지나가던 어떤 사람이 이 말을 듣
고 자기는 용감하고 대담하기 때문에 귀신
따위는 무섭지 않다면서 이렇게 말했다.

'내가 이 방에 들어가서 하룻밤을 보내리
라. 그까짓 귀신이 있으면 어떠냐. 내가 귀
신을 쫓아 버리리라.'

그가 하룻밤을 새우기 위해 집안으로 들어간 지 얼마 되지 않아 또 한 사람의 여행자가 나타났다. 그도 마을사람들로부터 '이 집에 귀신이 있다.'는 말을 듣고 자기는 괜찮다며 하룻밤 묵어가겠다고 했다.

　그가 방문을 열고 들어가려고 하자 먼저 방에 들어가 있던 사람이 귀신이 나타난 줄 알고 방문을 잡고 열어 주지 않았다. 그러자 늦게 들어가려고 하는 사람은 귀신이 안에서 문을 닫고 열어 주지 않는 줄 알고 있는 힘을 다해 방문을 열려고 했다. 그들은 날이 새도록 이렇게 서로 힘겨루기를 했다. 그러다가 날이 밝았다. 두 사람은 그때서야 방문 안이나 밖에 있는 것이 귀신이 아니라 사람인 줄 알았다.

65 벼락출세한 사나이

어떤 음탕한 여자가 있었다. 그녀는 욕정이 왕성해 외간남자와 통정하려고 했으나 항상 남편의 눈치를 살펴야 했다. 음탕한 여자는 남편을 죽이기로 결심하고 기회를 엿보았다.

어느 날 남편이 먼 나라에 사신으로 가게 되었다. 여자는 좋은 기회구나 싶어 독을 넣은 떡 500개를 만들어 남편에게 주었다.

"여보, 먼 나라로 가시게 되면 얼마나 힘들겠어요. 제가 정성으로 500개의 떡을 만들었으니 여행 중에 배고프면 한 개씩 꺼내 드세요."

남편은 아내의 정성을 고맙게 여겨 낙타에 떡을 싣고 길을 떠났다. 날이 어두워지자 그는 나무 밑에서 노숙을 하게 되었는데 짐승들을 피해 높은 나무 위로 올라가 있었다. 그러면서 떡은 잊어버리고 나무 밑에 그냥 두었다.

그런데 그날 밤 묘한 일이 벌어졌다. 500명의 도적이 왕의 말 500마리와 여러 가지 보물을 훔쳐 가지고 오다가 그 나무 밑에서 쉬게 되었다. 그들은 몹시 시장하던 터라, 낙타에 실린 500개의 떡을 보자 허겁지겁 그것을 하나씩 나누어 먹었다. 독약이 든 떡을 먹은 도적들은 이내 약기운이 퍼져 한 사람씩 쓰러져 죽고 말았다.

날이 밝자 나무 위에 올라가 있던 남자는 놀라움에 몸을 떨었다. 그는 나무에서 내려와 독이 든 떡을 먹고 죽은 도적들의 시체를 짐짓 칼로 찌르거나 베어 버린 뒤 말과 시체를 거두어 왕을 찾아갔다.

왕은 놀라면서 그에게 높은 벼슬과 많은 상을 내렸다. 왕의 신하들은 이를 시기했지만, 그가 혼자서 500명의 도적을 잡은 줄 알고 감히 말을 못했다.

그런데 얼마 후 곤란한 일이 생겼다.

궁성 밖에 무서운 사자가 나타나 사람들을 해치는데 이를 퇴치할 방법이 없어 백성들이 공포에 떨었다. 그러자 대신들은 왕에게 500명의 도적을 잡은 사나이로 하여금 사자를 퇴치하게 하라고 아뢰었다. 왕은 대신들의 말대로 그에게 무기를 주어 사자를 물리치게 했다.

그는 왕의 명령을 받고 사자와 싸우러 나갔다. 사자는 그를 보자 달려들었다. 그는 사자를 피해 나무 위로 올라갔다.

사자는 입을 벌리고 으르렁거렸다. 그는 무서워 쥐고 있던 칼을 떨어뜨렸다. 그 칼은 사자의 목을 찔러 사자는 죽고 말았다.

왕과 대신들은 그를 더욱 공격하고 큰 상을 내렸다.

66 말만 앞세운 선장 아들

어떤 선장(船長)의 아들이 있었다. 그는 어렸을 때부터 아버지에게서 배를 움직이는 기술에 대해 많은 말을 들어 모르는 것이 없을 정도였다. 그는 누구보다 배 다루는 지식이 뛰어나다고 자랑했고, 다른 사람들도 그렇게 믿었다.

어느 날 뱃사람들이 먼 바다 어떤 섬에 보

물이 있다는 말을 듣고 보물을 찾아 떠나게 되었다. 이 배에는 선장의 아들도 동승했다. 그는 아버지에게 들은 배 부리는 기술을 사람들한테 자랑하며 이번 뱃길에서는 반드시 많은 보물을 얻어 올 것이라고 호언장담했다.

바다에 들어온 지 며칠이 지나서였다. 갑자기 돌풍이 불어와 돛대를 부러뜨렸다. 이 사고로 배를 지휘하던 선장이 죽었다. 돌풍은 계속해서 파도를 불러 일으켰다. 배는 금방이라도 침몰할 것 같았다. 사람들은 상황이 어렵게 되자 선장의 아들에게 배를 부리도록 부탁했다. 선장의 아들은 마치 이때를 기다렸다는 듯이 나섰다. 그러나 그는 아버지에게서 배 부리는 기술에 대해 말로만 들었지 실제로 해본 경험이 없었다. 그는 뱃사

람들에게 입으로만 '이렇게 해라, 저렇게 해
라.'할 뿐이었다. 배는 그의 말대로 움직이
지 않았다. 뱃사람들은 우왕좌왕 하다가 배
가 뒤집혀 모두 물에 빠져 죽고 말았다.

67 마지막 한 개 남은 떡

　어떤 부부가 떡 세 개를 나누어 먹고 있었
다. 두 사람은 각기 한 개씩 나누어 먹고 하
나가 남았다. 두 사람은 이 떡을 어떻게 먹
을까 하다가 묘안을 짜냈다.
　"말을 먼저 하는 사람은 이 떡을 먹을 수
없다."
　둘은 이렇게 약속을 하고 떡을 먹기 위해
서로 눈치를 보며 입을 다물었다.

마침 그날 저녁 그 집에는 도둑이 들었다. 그는 이방 저방 다니며 재물을 있는 대로 훔쳤다. 그러나 이들 부부는 먼저 말을 하지 않기 위해 서로 아무 말도 하지 않았다.

　도둑은 물건을 다 훔칠 동안 이들이 입을 꼭 다물고 있는 것을 보자, 옳다구나 하면서 남편이 보는 앞에서 아내를 범하려고 했다. 아내는 질겁을 하면서 '도둑이야!'하고 외쳤다. 그래도 남편은 꼼짝하지 않았다. 아내는 남편에게 화를 내면서 말했다.

　"이 어리석은 사내야, 떡 한 개를 먹으려고 도둑이 아내를 훔치려는 것을 보고도 꼼짝하지 않는단 말이냐?"

　그때서야 남편은 손뼉을 치면서 좋아했다.

　"하하하, 이제 이 떡은 내 것이다. 너는 먹

으면 안 된다."

아내의 꾸지람에도 남편은 떡을 먹으며 이겼다고 자랑을 늘어놓았다.

68 남을 해치려는 마음

한 사나이가 있었다. 그는 어떤 사람을 몹시 미워했다. 어떻게 하든 그를 해치고 싶었으나 방법이 없었다. 그는 그 일로 하여 더욱 괴로워했다. 그때 한 사람이 그에게 말했다.

"당신은 왜 언제나 그렇게 시름에 잠겨 있는가. 무슨 일인지 말해 보라. 어쩌면 좋은 방법이 있을지 모른다."

"어떤 사람이 있는데 그는 언제나 나를

헐뜯고 모함한다. 그러나 내 힘으로는 그에게 보복할 수 없다. 그러니 내가 속이 편하겠는가. 그 방법을 몰라 더욱 속이 상한다."

이 말을 들은 사나이는 말했다.

"방법이 아주 없는 것은 아니다. 사흘 밤낮을 비타라 주문(呪文)을 외우면 그를 해칠 수 있다. 그렇지만 한 가지 걱정이 있다. 그 주문은 남을 해치기도 하지만 자신도 해치게 된다. 그래도 괜찮겠는가?"

사나이는 그 말을 듣고 매우 기뻐하면서 말했다.

"내게 그 주문을 가르쳐 주기만 하시오, 비록 일이 잘못돼 스스로를 해치는 경우가 생긴다 해도 후회하지 않을 것이오."

미련하고 지혜가 없는 사람은 좋은 것을 알려주어도 행할 줄 몰라 쓸 수가 없다.

69 이상한 미풍양속

북인도에 살던 사람이 남인도로 갔다. 거기서 오래 살다 보니 북인도로 다시 돌아갈 필요가 없었다. 그는 그곳에서 어떤 여자를 아내로 맞아 부부가 되었다.

아내는 남편을 위해 여러 가지 맛있는 음식을 차렸다. 남편은 음식을 보자 이것저것 가리지 않고 허겁지겁 음식을 먹었다. 어떤 음식은 아직 식지 않아 뜨거운데, 그것도 가리지 않았다.

아내는 이상하게 여겨 남편에게 말했다.

"여보, 여기는 북인도와는 달리 도적이 덤벼들어 아내를 겁탈하는 일도 없고 재물을 빼앗아 가는 일도 없는 곳이오. 그런데 무슨 급한 일이 있길래 그렇게 허겁지겁 음

식을 드시는지요. 그러다가 뜨거운 국물에
입술을 데고, 잘못하면 체하겠소. 좀 천천히
드세요."

남편은 아내의 만류를 듣고 말했다.

"그 이유는 밥을 먹은 뒤에 가르쳐 주겠
소."

남편은 허겁지겁 식사를 마친 뒤 아내에
게 그 이유를 설명했다

"우리 할아버지, 할아버지의 할아버지 때
부터 항상 식사를 빨리 해왔소. 왜냐하면 빨
리 먹어 치우지 않으면 식사를 도적에게 빼
앗길지도 모르기 때문이오. 나는 지금 그것
을 본받고 있는 것이오."

설명을 들은 아내는 '여기는 도적들이 나
오는 북인도가 아니다.'라고 재차 말했다.
그러나 남편은 조상 때부터 지켜온 습관을

지키는 것이 좋다면서 버릇을 고치려고 하지 않았다.

습관은 참으로 무섭습니다. 속담에도 세 살 버릇 여든 간다는 말이 있지요.

70 어느 하인의 과일 심부름

주인이 하인에게 심부름을 시켰다.

"좋은 암바라 열매가 먹고 싶구나. 아랫 마을에 가면 암바라 과수원이 있으니 그곳에 가서 맛있고 잘 익은 암바라 열매를 사오너라."

하인은 주인의 명대로 과일을 사러 갔다. 과수원집 주인은 손님을 반기면서 자기네 과수원의 과일을 자랑했다.

"우리집 과수원의 과일은 모두 맛있는 것
뿐이오. 나쁜 것이 하나도 없소. 하나만 맛
보면 알 수 있소."

　그러나 하인은 과수원집 주인의 말을 믿
을 수가 없었다.

　"어떻게 하나만 먹어 보고 다른 것이 맛
있는지 없는지 알 수 있겠소. 나는 하나하나
모두 먹어 보고 사겠소."

　하인은 암바라나무 열매를 따서 하나하
나 직접 맛을 본 뒤 그것을 사가지고 집으로
돌아왔다. 이를 본 주인은 몹시 화를 내며
말했다.

　"누가 먹다 남은 과일을 사오라고 했느
냐. 당장 내다버려라."

　"주인어른, 이것은 제가 하나하나 모두
맛을 본 과일입니다. 모두 맛있는 것만 골랐

습니다."
　주인은 어이가 없어 그를 내쫓고 말았다.

71 어리석은 중도(中道)의 길

옛날 어떤 사람이 두 사람의 아내를 맞이했다. 두 여자들은 서로 질투를 해서 남편을 못살게 했다. 만약 남편이 왼쪽 아내에게 눈길을 돌리면 오른쪽 아내가 화를 냈고, 오른쪽 아내에게 눈길을 돌리면 왼쪽 아내가 화를 냈다. 그래서 남편은 밤에 잠을 잘 때도 좌우에 아내를 누이고 자신은 가운데 누워서 꼼짝도 하지 않기로 약속을 했다.

어느 날 밤 큰비가 쏟아졌다. 집이 낡아서 천정 사이로 빗물이 새어 들어왔다. 그 빗물은 남편의 얼굴로 쏟아졌다. 그래도 남편은 약속을 지키기 위해 좌우로 꼼짝도 하지 않고 가만히 누워 있었다.

빗줄기는 더욱 거세게 쏟아졌다. 좌우에 누워 있던 두 아내는 비를 피해 일어나 다른 곳으로 도망을 했다. 그렇지만 남편은 가만히 누워있었다. 그 사이 빗물이 지붕의 흙을 담고 내려와 남편의 얼굴 위로 떨어졌다. 그리하여 끝내는 두 눈을 실명하게 되었다. 도망간 두 아내는 남편이 실명했다는 소식을 듣고도 돌아오지 않았다.

고지식한 이는 자신이 병들어 가는 줄도 모르고 죽어간다.

72 입이 찢어진 까닭

어떤 가난한 사람이 아내와 함께 처갓집

을 갔다. 마침 처가에서는 쌀을 찧고 있었다. 이를 본 사내는 얼른 쌀을 한줌 훔쳐 입에 넣었다.

그때 아내가 남편에게 와서 말을 걸었다.

"여보, 처가에 오니 기분이 어때요. 저녁에는 맛있는 떡을 만들어 준대요."

아내가 다정스럽게 말을 걸었지만 남편은 대답을 하지 못했다. 말을 하면 입에 한입 물은 쌀이 나올 것이므로 아내 보기가 창피해서 입을 꼭 다물었기 때문이었다.

아내는 남편이 말을 하지 않는 것을 이상히 여겨 손으로 어루만져 보았다. 남편의 볼은 입 속에 가득한 쌀 때문에 딱딱해졌다. 아내는 남편의 입안에 종기가 생긴 것으로 알고 아버지에게 말했다.

"아버지, 큰일이 났어요. 남편이 여기에

오자 갑자기 입안에 종기가 나서 전혀 말을
할 수 없게 됐어요. 어떻게 좀 해 주세요."

　아버지는 의사를 불러 치료를 하게 했다.
의사는 사나이의 입을 만져 보고 수술을 해
야 되겠다고 했다. 의사는 칼을 들고 사나이
의 입을 쨌다. 그러나 입에서는 하얀 생쌀이
쏟아져 나왔다. 입에 종기가 난 것이 아니라
쌀을 물고 있었던 일이 밝혀져 사나이는 창
피는 창피대로 당하고 공연히 입만 째는 고
통을 당하고 말았다.

73 겁쟁이의 무용담

　어떤 사람이 검은 말을 타고 전쟁터로 싸
움을 하러 나갔다. 살벌한 싸움이 벌어지는

것을 본 그는 두려움에 떨며 감히 싸울 생각을 하지 못했다.

병사들은 피를 흘리며 쓰러져 갔다. 그는 말에서 내려 남의 피를 얼굴에 칠하고 시체 옆에 쓰러져 죽은 척했다. 싸움이 계속되는 동안 그는 그렇게 있었다. 그 사이에 그가 타고 갔던 말은 다른 사람이 빼앗아 갔다.

싸움이 끝나고 병사들이 돌아가기 시작했다. 그도 집으로 돌아오기 위해 시체들 사이에서 슬그머니 일어났다. 그리고는 죽은 흰말의 꼬리를 베어서 집으로 돌아왔다.

그가 집으로 돌아오자 사람들이 전쟁터의 얘기를 물었다. 그는 거짓말로 자신의 무용담을 늘어놓았다.

"그때 내 말이 적군의 창에 찔려 죽었다. 나는 애통해서 그 말의 꼬리를 잘라서 이렇게 가지고 왔다."

그러자 그의 거짓 무용담을 듣던 사람들
이 말했다.

"너의 말은 원래 검었는데, 그 꼬리는 왜
흰가?"

그는 할 말을 잃고 더욱 창피만 당했다.

73 세수하기 싫은 사나이

이상한 나라가 있었다. 그 나라 사람들은
도무지 몸을 깨끗하게 씻는 것을 싫어했다.
사람들의 얼굴은 항상 지저분하고 몸에서
는 고약한 냄새가 났다. 어떤 사람은 부스럼
이 나서 고생을 하기도 했다.

그 나라에 새로운 왕이 등극했다. 왕은 온

나라 사람들이 게을러 몸을 씻지 않는 버릇을 고치기 위해 국명(國命)을 내렸다.

"이제부터 이 나라 안에 사는 모든 백성은 아침저녁으로 항상 몸을 깨끗이 씻어야 한다. 만약 몸을 깨끗이 씻지 않아 지저분하거나 더러운 냄새를 풍기는 사람이 있으면 관리를 시켜 온갖 괴로움을 줄 것이다."

그 나라의 백성들은 국명대로 아침저녁 몸을 깨끗이 씻었다. 목욕도 자주했다. 그랬더니 부스럼 같은 질병도 사라졌다.

그런데 어떤 게으른 사람이 국왕의 명령을 귀찮게 여겼다. 그래서 빈 물통을 남에게 보이면서 '나는 이 물통의 물을 다 쓸 정도로 깨끗이 씻었다.'고 거짓말을 했다. 그렇지만 옆에서 보기에도 그는 전혀 얼굴이며 손발을 씻은 것 같지 않았다. 옆에 있던 사람이 자기의 물통에 들어 있던 물을 그에게 나누어주면서, '국법을 어겨 괴로움을 받지 말고 어서 씻으라.'고 권했다. 그러나 그는 그 물통의 물을 쏟아 버리면서 이렇게 말했다.

"나는 이미 깨끗이 씻었다. 너나 깨끗하게 씻어라."

75 엉터리 조언

항아리에 곡식을 가득 담아 둔 사람이 있었다. 어느 날 난처한 일이 생겼다. 낙타가 항아리에 머리를 넣고 곡식을 먹다가 머리를 빼지 못하는 것이었다. 그는 백방으로 낙타가 항아리에서 머리를 빼도록 노력했지만 모두 허사였다.

　낙담해 있는 그에게 한 노인이 찾아왔다.

　"왜 그렇게 어두운 표정을 하고 있는가."

　"낙타가 항아리에 머리를 넣고 곡식을 먹다가 머리를 빼지 못해서 입니다."

　"그런 일이라면 걱정할 것이 없소. 내가 방법을 일러주리다."

　노인은 그에게 낙타의 목을 베라고 가르쳐주었다. 그는 노인의 말대로 칼로 낙타의 머리를 베었다. 그때 낙타가 발버둥을 쳤기 때문에 항아리는 항아리대로 깨지고, 낙타는 낙타대로 죽어 버리고 말았다.

76 아름다운 병에 걸린 농부

어떤 농부가 있었다. 하루는 도시에 나갔다가 그 나라의 공주를 보게 되었다. 공주는 매우 아름다웠다. 농부가 지금껏 보았던 어떤 여자와도 비교가 되지 않을 만큼 출중한 인물이었다.

집으로 돌아온 농부의 눈에는 공주의 아름다운 얼굴이 눈에 아른거렸다. 그는 공주와 한 번만이라도 사랑을 나누고 싶은 생각 때문에 밥도 먹을 수 없었고 잠도 이룰 수가 없었다.

하루가 지나고 이틀이 지나도 마찬가지였다. 얼굴빛은 노래지고 병까지 들었다. 주위의 친척들이 보다 못해 그에게 물었다.

"왜 밥도 안 먹고 잠도 안 자는가?"

"지난번 도시에 나갔을 때 아름다운 공주를 만났습니다. 나는 공주를 한번 보자 사랑하는 마음이 생겼습니다. 어떻게든 공주와 하룻밤만이라도 사랑을 나누고 싶습니다. 그런데 뜻을 이룰 수 없습니다. 나는 이 뜻을 이루지 못하면 죽고 말 것입니다."

친척들은 그에게 중병이 들은 것을 불쌍히 여겨 어떻게든 소원을 성취시켜 주겠다고 약속을 했다. 그들은 며칠을 궁리한 끝에 농부를 찾아가 이렇게 설득했다.

"우리가 공주를 찾아가 너의 뜻을 전했다. 그런데 문제는 아직 공주가 너와 함께 하룻밤 사랑을 나누고 싶어 하지 않는구나."

이 말을 들은 그는 크게 기뻐하면서 이렇게 말했다.

"그렇다면 이제 남은 일은 공주의 마음만 돌리면 되겠구나."

77 수나귀에서 젖 짜기

어떤 나라의 변방에 사는 사람들은 한 번도 나귀를 본 적이 없었다. 그들은 다만 다른 사람들로부터 '나귀의 젖은 매우 맛이 좋다.'는 말만은 들었을 뿐이었다.

그들은 어찌어찌 해서 수나귀 한 마리를 구하게 됐다. 사람들은 수나귀를 보자 맛있는 젖을 얻고자 덤벼들었다. 어떤 사람은 머리를 잡고, 어떤 사람은 꼬리를 잡고 젖을 짜려고 했다. 어떤 사람은 다리를 잡고, 또 다른 사람은 귀를 잡고 젖을 짜려고 했다.

그때 어떤 사람이 나귀의 생식기를 잡고 소리쳤다.

"여기에서 나귀의 젖이 나온다."

"그래, 거기에서 젖이 나오겠다. 빨리 젖을 짜 보아라."

"잠깐만 참아봐. 그런데 젖을 어떻게 해야 나오는 거지?"

사람들은 저마다 한마디씩 하면서 그릇을 갖다 놓고 수나귀에게서 젖이 나오기를 기다렸다. 그렇지만 수나귀의 생식기를 아무리 훑는다고 젖이 나올 리 만무했다. 사람들은 헛수고만 하고 지쳐 버렸다.

78 내용도 모르고 하는 심부름

잠자리에 들기 전에 아버지가 아들에게 말했다.

"얘야. 너 내일 나하고 산 너머 마을에 좀 다녀와야겠다. 거기 가서 나하고 같이 가져 올 물건이 있다."

아들은 잠자코 아버지의 말을 듣고 잠자리에 들었다. 아들은 다음 날 아침 일어나자마자 아버지에게 물어 보지도 않고 집을 나섰다. 아버지에게 어젯밤 산 너머 마을에 가자는 얘기를 들었으므로 그 마을을 다녀오기 위해서였다.

아들은 걸음을 재촉해 산 너머 마을로 떠났다. 길은 험하고 산은 높았다. 아들은 해가 지기 전에 다녀올 요량으로 부지런히 걸어서 산을 넘었다. 점심 때 쯤이 되어서야 마을에 도착한 아들은 다시 발길을 돌려 온 길을 되돌아 집으로 돌아오려고 했다. 아침 일찍 집을 나선 탓에 배도 고프고 다리도 아팠다. 아들은 금방이라도 쓰러질 듯한 피로를 간신히 이기고 집으로 돌아왔다.

"얘야. 너 하루 종일 어디에 있었느냐?"

아버지가 물었다.

"네. 어젯밤에 아버지께서 산 너머 마을을 다녀오자고 해서 그 마을을 다녀왔습니다."

"뭐라고, 산 너머 마을에 그래 무엇을 가지고 왔느냐?"

아들은 아버지의 물음에 할 말이 없어 우두커니 서 있었다.

"이 바보 같은 녀석아. 그곳을 가려면 나

에게 말을 했어야지. 혼자 가서 아무 것도
가져오지 못했으니 헛수고만 한 것이 아니
냐. 내가 언제 너 혼자 다녀오라고 했더냐.”

　아버지는 혀를 차면서 아들의 어리석음
을 한탄했다.

79 잔꾀 때문에 당하는 고통

　어떤 나라의 왕이 하루는 무우수(無憂樹)
가 우거진 숲에서 놀기 위해 신하에게 명령
을 내렸다.

　“내가 무우수 숲에서 하루 동안 놀면서
편히 쉬고 싶으니 그대가 준비를 좀 해주어
야겠다. 내가 숲에서 쉬기 위해서는 앉을 자
리가 필요하다. 그러니 그대가 저 궤짝을 들

고 가서 숲 속에다가 자리를 만들어 주기 바란다."

신하는 왕의 명령을 받기는 했으나 왠지 그 일이 썩 마음에 들지 않았다. 명색이 대신인 자신에게 그런 일을 시키다니 좀 섭섭한 생각도 없지 않았다. 그래서 신하는 꾀를 냈다.

"왕이시여, 대신의 체면에 어찌 궤짝을 들고 갈 수가 있겠습니까. 차라리 등에 지고 가겠습니다.

그 말을 들은 왕은 그에게 36개의 궤짝을 지고 가라고 했다. 그는 할 수 없이 궤짝을 지고 숲속으로 들어가야 했다.

숲에는 맹수와 뱀이 사람의 접촉을 막았다. 하지만 그는 왕의 명령대로 36개의 궤짝을 숲으로 옮겨야 했다.

꾀를 부리다 자기 꾀에 넘어가는 일이 종
종 있다. 한 개만 들고 가도 될 것을 36개나
지고 가는 고통을 당했다.

80 의사 처방 무시한 환자

변비(便秘)로 고생을 하는 사람이 있었다.
어느 날 그는 용한 의사를 찾아가 증세를 얘
기하고 낫는 방법을 물었다.

"의사선생님, 도대체 저는 어쩐 일인지
시원하게 배설을 할 수가 없습니다. 무슨 좋
은 방법이 없을까요?"

"있죠. 그러나 좀 고통스러운데요."

"무슨 방법입니까? 시키는 대로 다 하겠
습니다."

"관장(灌腸)을 해야 낫습니다."

의사는 진찰을 마치고 관장을 하라고 권했다. 그리고 관장할 약과 기구를 준비해 놓으라고 했다.

그는 의사의 지시대로 관장할 약을 준비했다. 그리고는 성급하게 그 약을 모두 마셔 버리고 말았다. 장을 씻어내야 할 약을 먹은 그는 이내 숨이 차고 배가 불러왔다. 숨이 막혀 죽을 것만 같았다.

의사가 와서 그에게 물었다.

"왜 그러는가?"

"관장할 약을 마셨는데, 아이고, 이렇게 배가 아프고 숨이 막혀 죽을 것 같습니다."

그 말을 들은 의사는 곧 다른 약을 먹여 토하게 한 다음 그를 나무랐다.

"이 미련한 양반아. 그것은 관장을 할 약

인데 먹으면 어쩌자는 거요. 약이란 다 쓰이는 곳이 다른 데 아무 것이나 먹으면 오히려 큰일을 당하는 거요." 무엇이든 쓰임새가 따로 있듯이 자기 마음대로 함부로 쓰는 일은 위험하기 짝이 없다.

81 오해 때문에 생긴 일

아버지와 아들이 길을 가고 있었다. 아들은 아랫배가 무지근해지는 느낌이 들어 숲 속으로 볼일을 보러 들어갔다.

아들이 볼일을 보려고 하는 순간 숲 속에서 살던 곰이 덤벼들었다. 아들은 곰의 발톱에 상처를 입고 황급히 도망쳐 나왔다.

아들의 옷이 찢기고 상처를 입은 모습을

본 아버지가 물었다.

"어찌된 일이냐."

"네. 숲에 들어갔더니 털이 길고 시커먼 동물이 와서 나를 해쳤습니다."

아들은 그때까지 곰을 본 적이 없었다. 그래서 '털이 시커먼 동물'이라고 자기가 보았던 것을 묘사했다.

아버지는 활과 화살을 꺼내 들고 숲으로 들어갔다. 숲에는 아들이 말한 그런 동물은 보이지 않았다. 아버지는 한참을 찾아 헤매다가 어떤 수행자를 발견했다. 그는 머리와 얼굴에 털이 무성했고 검은 옷을 입고 있었다.

'옳지. 바로 저 녀석이구나. 저 녀석이 덤벼들어 내 아들에게 상처를 냈구나.'

아버지는 활에 화살을 먹여 그를 쏘려고

겨누었다. 그때 숲에서 나무를 하던 나무꾼
이 달려와 그를 저지하면서 말했다.

"여보시오. 왜 사람을 쏘려고 하시오."

"저 털이 길고 검은 옷을 입은 녀석이 내
아들을 잡아먹으려고 했소. 저 녀석은 식인
종이오."

"뭐라고? 식인종? 그건 오해요. 저 사람은
숲에서 명상을 하는 수행자요. 저 사람은 그
런 일을 할 사람이 아니오. 당신은 무엇인가
오해하고 있는 것이오." 오해는 시기와 질
투 그리고 싸움의 원인이 된다.

82 가마 타고 짓는 농사

어떤 농부가 다른 지방에 갔다가 보리가
무성하게 자라는 것을 보았다. 농부는 그 보
리밭 주인에게 물었다.

"어떻게 해야 보리를 이렇게 무성하게 할
수 있는가?"

"먼저 땅을 평평하게 고르고 거기에 거름
을 준다. 그러면 땅이 비옥해져 이렇게 잘
자란다."

주인은 친절하게 비결을 가르쳐 주었다.
그는 집으로 돌아와 곧 보리밭 주인이 일러
준 대로 밭을 고르고 거름을 주었다. 그러나
자기 다리로 밟은 땅이 단단해져서 보리가
나지 않을까 걱정이 되었다.

'무슨 좋은 방법이 없을까?'

한참을 궁리하던 그는 기막힌 생각을 떠올렸다. 곧 집으로 돌아가 그는 힘 좋은 장정 네 명을 구했다. 그는 자기 집에 있는 가마를 꺼내 장정 네 명이 한 쪽씩 다리를 들게 했다. 그리고 자기는 그 가마 위에 올라가 땅에 발을 딛지 않은 채 씨를 뿌렸다. 이를 이상히 여긴 마을 사람들이 물었다.

　"왜 가마 위에 올라앉아 씨를 뿌리는가?"

　"평평하고 부드럽게 해 놓은 땅을 단단하게 밟지 않으려고 그러네."

　마을 사람들이 혀를 차며 말했다.

　"여보게. 자네의 두 다리는 흙을 밟지 않지만 자네가 걸터앉은 가마를 들고 있는 장정들은 흙을 밟고 있네. 자네의 두 다리로 밟는 것보다 장정들 네 명이 여덟 개의 다리로 흙을 밟으면 그게 더 단단해 지는 것이

아닌가." 농부는 멀뚱멀뚱 쳐다보며 얼굴을
붉혔다.

83 원숭이의 엉뚱한 화풀이

애완용 원숭이 한 마리가 있었다. 몸집도
작고 영특해서 주인의 사랑을 듬뿍 받았다.

원숭이는 주인의 사랑을 믿고 점차 버릇
이 없고 방자해졌다. 틈만 나면 장난을 치
고, 주인이 보는 앞에서도 오줌을 쌌다. 그
래도 주인은 늘 귀여워했다.

어느 날 주인이 먹이를 주고 우리의 문을
제대로 닫지 않았다. 원숭이는 얼씨구나 좋
아하면서 그 문을 열고 밖으로 나왔다. 원숭
이는 우리 밖을 마음대로 돌아다니다가 주

인이 있는 방으로 들어갔다. 그리고 방에서
오줌을 쌌다.

　주인은 몹시 화를 내면서 원숭이를 사정
없이 때렸다. 그리고 원숭이를 붙들어 다시
우리 속에 집어넣었다. 우리 속에 갇힌 원숭
이는 몹시 분하고 억울했다. 주인이 미웠다.
그러나 원숭이는 주인이 오면 미운 생각을
나타낼 수가 없었다. 그랬다가는 또 혼쭐날
까봐 무서워서였다. 그 대신 원숭이는 그 집
의 어린애가 오면 화를 내고 미워했다. 어린
애는 아직 자기를 혼내줄 수 없음을 알기 때
문이었다.

84 달밤에 매 맞은 억울한 개

시원한 여름밤이었다. 바람은 솔솔 불고, 달은 휘영청 밝아 기분을 상쾌하게 하는 그런 밤이었다.

동네 사람들도 밖으로 나와 밝고 깨끗한 달빛 아래서 도란도란 얘기꽃을 피웠다. 아이들도 달빛을 받아가며 숨바꼭질을 했다. 아낙들은 냇가에 가서 한여름의 더위를 식히려는 듯 머리를 감았다.

그때 어떤 사람이 개 한 마리를 데리고 산보를 나왔다. 개도 기분이 좋은지 이리 뛰고 저리 뛰며 좋아했다. 윗마을 어디선가에서 멀리 개 짖는 소리가 들려왔다. 그러자 여기저기서 개들이 따라 짖었다. 주인과 산보를 나온 개도 따라 짖었다.

그러자 일이 공교롭게 되느라고 갑자기 구름이 몰려와 그만 달빛을 가리고 말았다. 그러자 사람들은 하나 둘 자리에서 일어나 집으로 들어갔다. 개를 데리고 나온 사람은 이런 모습을 보고 슬그머니 화가 났다. 그는 개가 멍멍 짖어서 달빛이 구름에 가리는 일이 생겼다고 생각했다. 그래서 자기가 데리고 온 개를 흠씬 두들겨 팼다. 개는 좋은 달밤에 영문도 모르고 두들겨 맞았다.

85 눈병이 무서워 눈알빼기

　어느 마을에 한 여인이 있었다. 그녀는 심한 눈병을 앓고 있었다. 어느 날 그녀와 친한 친구가 찾아 왔다가 이를 보고 말했다.

　"너 눈병을 앓고 있구나. 여러 가지로 불편하겠구나?"

　"그래. 불편한 게 한두 가지가 아니야. 무엇보다 앞에 있는 물건도 잘 보지 못하겠다니까."

　그 말을 들은 친구는 걱정을 하면서 이렇게 말했다.

　"그렇구나. 몹시 불편하구나 그래서 지금 이런 생각을 했어. '나는 아직 눈병을 앓지

않고 있지만 언젠가는 앓을지도 모르니 차
라리 눈을 뽑아 버리는 것이 어떨까.' 하는
것이지. 그러면 너처럼 눈병으로 고생하지
는 않겠지."

이 말을 전해들은 어떤 사람이 혀를 차며
말했다.

"그 친구라는 여자는 참 어리석구나. 눈
이 있으면 눈병을 앓을 수도 있지만, 눈병을
앓지 않을 수도 있는 것이 아닌가. 그런데
눈병을 앓을까 두려워 미리 눈을 뽑아 버린
다면, 그는 육신을 가지고 있는 동안 괴로움
을 당할 것이 아닌가. 어찌 하나는 알고 둘
은 모르는지."

86 아들의 귀를 자른 아버지

아버지와 아들이 함께 길을 가고 있었다. 두 사람이 으슥한 숲길로 들어섰을 때였다. 어디선가 갑자기 도적이 나타나 그들의 가진 것을 모두 빼앗으려고 했다.

아들은 귀에 귀걸이를 걸고 있었다. 그것은 아버지가 아들을 위해 만들어 준 황금의 귀걸이였다. 값이 비싸고 조각도 아름다운 훌륭한 것이었다. 아버지는 무엇보다 그 귀걸이를 잃어버리면 안 된다고 생각하고 아들의 귀에 매달린 귀걸이를 잡아당겼다.

그러나 귀걸이는 좀처럼 빠지지 않았다. 아버지는 급한 김에 칼을 빼서 아들의 귀를 잘랐다.

조금 뒤 도적들은 아들과 아버지의 다른

물건을 모조리 빼앗아 돌아갔다. 아버지는
숲 속에 던져두었던 아들의 귀를 찾아 본래
의 자리에 붙이려고 했다. 그렇지만 한 번
칼로 베어 낸 귀는 다시 붙지 않았다. 아들
은 졸지에 양쪽 귀가 모두 잘려나간 이상한
모습을 하게 되었다.

아버지가 귀 없는 아들을 데리고 집으로
돌아오자 사람들은 아들을 보고 놀라면서
'귀 없는 아들을 둔 아버지'라고 놀려댔다.

87 뜻밖에 만난 횡재

한 무리의 도적떼들이 있었다. 그들은 지
나가는 행인들을 습격해 많은 보물들을 손
에 넣었다.

도적들은 빼앗은 재물을 똑같이 나누려
고 하였다. 보물은 종류가 여러 가지였다. 도
둑들은 각각 전단향·유리·마노·진수·
금·은·호박을 나누어 가졌다. 그런데 금강
석은 아직 가공도 하지 않은데다가 더러운
것이 묻어서 아무도 가지려고 하지 않았다.

　도적의 우두머리는 아무도 가지려고 하
지 않는 금강석을 도적 가운데 가장 못난 사
람에게 주었다.

　"너는 이것이나 가져라."

　"두목님. 저는 손해가 큽니다."

　"싫으면 갖지 않아도 된다."

　우두머리가 금강석을 다시 거두어 가려
고 하자 못난 사람은 그것이라도 받지 않으
면 손해일 것 같아 배당을 받았다.

　못난 사람은 곧 그것을 가지고 마을로 내

려가 보석상을 찾아가 팔았다. 보석상이 보니 그 보석은 어떤 것보다 값진 금강석이었다. 보석상은 값을 비싸게 쳐서 그것을 샀다. 못난 사람이 받은 돈은 다른 사람이 받은 액수보다 곱절이 넘었다. 그때서야 못난 사람은 횡재를 만났다고 좋아했다.

88 한 개 때문에 잃어버린 열 개

원숭이 한 마리가 있었다. 원숭이는 밭에서 콩 한 움큼을 얻었다. 원숭이는 그것을 잘 보관했다가 배가 고프면 먹으려고 나무 위로 올라갔다. 그러다가 잘못해 그만 콩 한 개를 떨어뜨리고 말았다.

'이 흉년에 콩 한 개면 얼마나 요긴한 먹

이인가. 그런데 콩 한 개를 떨어뜨렸으니 너무 아깝구나.'

원숭이는 떨어진 콩을 줍기 위해 손에 들고 있던 콩은 버려 버리고 나무 밑으로 내려왔다. 그러나 처음에 떨어뜨린 콩은 찾지 못했다. 그래서 이번에는 조금 전에 버린 콩을 다시 주우려고 했다. 그런데 그 콩은 닭과 거위가 다 주워 먹어 버렸다. 원숭이는 콩 한 개를 주우려다가 손에 있던 콩마저도 다 잃고 말았다.

89 독사를 가슴에 품은 이유

어떤 사람이 길을 가다가 금족제비 한 마리를 얻었다. 그는 몹시 기뻐하며 그것을 늘 가슴에 품고 다녔다.

어느 날 그는 여행을 하다 깊은 강을 건너
게 되었다. 그는 품에서 금족제비를 꺼내어
옷으로 싸 머리에 이고 강을 건넜다. 그런
뒤 다시 옷을 입고 금족제비를 가슴에 품고
갔다.

마침 옆에는 같이 강을 건너 온 사람이 있
었다. 그는 자기와 같이 옷을 벗고 강을 건
너 온 사람이 있었다. 그는 자기와 같이 옷
을 벗고 강을 건넌 사람이 옷을 입고 땅에서
무엇인가 주워서 품에 품고 가는 것이 이상
해 물어 보았다.

"지금 품에 품고 있는 것이 무엇이오?"

"금족제비요."

"어떻게 구했소?"

"땅 위로 기어가는 놈을 내가 잡아서 품

에 품고 다녔더니 이렇게 친하게 됐소.”

이 말을 들은 그는 자기도 길을 가다가 무엇이든 기어가는 것이 보이면 품에 넣고 다니리라고 생각했다.

한참을 걸어가다가 그는 독사 한 마리를 발견했다.

‘옳지. 나는 저 독사를 품고 다녀야겠다. 그러면 금독사가 되겠지.’

그는 얼른 독사를 잡아서 가슴에 품었다. 그러자 독사는 그 사람의 가슴을 물었다. 그는 독사에 물려 죽었다.

90 놓쳐 버린 절호의 기회

어떤 가난한 사람이 길을 가다가 금화가

가득한 돈주머니를 발견했다. 그는 매우 기뻐하면서 그 돈주머니에 금화가 얼마나 들어 있는지 세어 보았다.

'한 닢, 두 닢, 세 닢.'

생전 처음 금화를 만져 보는 그로서는 너무나 기쁘고 가슴이 떨려서 발걸음을 옮겨 놓을 수가 없었다.

'살다 보니 이런 횡재도 다 있네. 이제 나는 팔자 펴게 됐어.'

그는 기분이 좋아 가던 길도 멈추고 나무 밑에 앉아 금화를 세고 또 세었다. 그러는 사이 저쪽에서 어떤 사람이 급히 낙타를 몰아 이쪽으로 달려왔다. 그는 금화주머니를 잃어버린 주인이었다.

낙타를 탄 사나이는 나무 밑에서 금화를 세고 있는 그에게 물었다.

"그 주머니를 어디서 주웠는가?"

"이 나무 밑에서 주웠소."

"그러면 그것은 내 것이다. 내가 조금 전 이 나무 밑에서 쉬었는데 그때 잃어버렸다. 그것을 찾으러 이렇게 돌아왔으니 이제는 돌려주어야겠다."

그는 금화를 다 세어보기도 전에 나타난 주인에게 돈주머니를 돌려 줄 수밖에 없었다. 그는 다 잡았던 횡재를 놓치고 다시 가난한 빈털터리가 되었다.

주운 물건은 주인이 나타나면 돌려주는 것이 인간의 도리로 주웠을 때는 횡재인 것 같지만 돌려 주고나면 참으로 행복할 것이다.

91 가난뱅이의 분노

부자와 가난뱅이가 길 하나를 사이에 두고 살고 있었다.

부자의 집은 넓고 호화로웠다. 집에는 없는 물건이 없고, 집안일을 도와주는 사람도 여럿 있었다. 늘 맛있는 음식을 먹었으며 좋은 옷을 입고 지냈다.

이에 비해 가난뱅이의 집은 초라하고 보잘 것 없었다. 있는 것보다 없는 것이 더 많았다. 그나마 쓸모 있는 물건은 거의 없었다. 음식은 늘 거칠었고 옷은 남루해 바깥출입을 하기가 민망했다.

'아, 나는 전생에 무슨 업보를 지었길래 이리도 가난할까. 저 사람은 무슨 복을 지었길래 저렇듯 부자일까.'

가난뱅이는 부자가 되기 위해 무진 애를 써도 재물이 늘어나지 않자 신세를 한탄했다. 그러던 어느 날 그는 중대한 결심을 했다.

'이렇게 가난하게 살다니, 도저히 부끄러워 견딜 수 없구나. 차라리 내 재산을 모두 내버리는 것이 낫겠다.'

그는 얼마 되지 않는 가재도구며 재물을 꺼내 모두 강물에 던져 버렸다. 이를 본 동네 사람이 이렇게 만류했다.

"여보게, 자네는 아직 살아야 할 날이 더 많이 남았는데 그나마 내버리면 내일은 어쩌자는 것인가. 자네가 가진 것이 비록 적지만 언젠가는 재물을 더 늘릴 수도 있지 않은가."

92 환각제 먹고 신세 망친 소년

　유모(乳母)와 어린 소년이 함께 길을 가고 있었다. 유모는 어린 소년을 데리고 여행을 하느라 몹시 지쳤다. 그녀는 잠시 나무 밑에 앉아 쉬다가 깜빡 잠이 들었다.

　그때 어떤 사람이 길을 지나다가 이들을 보았다. 그들은 어린 소년이 제법 좋은 옷을 입고 보석까지 가지고 있는 것을 보자 슬그머니 욕심이 생겼다. 나그네는 자기가 가지고 있던 환희환(歡喜丸)을 어린 소년에게 주었다.

　어린 소년은 그 약을 받아먹고 이상하게 기분이 좋아졌다. 그 소년은 자기 자신을 돌볼 수 없을 만큼 흥분된 상태가 되었다.

　나그네는 유모는 아직 잠에서 깨어나지

않고, 소년은 정신이 몽롱해 있는 상태를 확인하고, 소년이 가지고 있던 패물과 유모의 보따리 속에 들어 있던 쓸 만한 물건을 모조리 빼앗아 가지고 갔다.

어린 소년은 남이 자기 물건을 가져가는데도 약 기운 때문에 기분이 좋아져서 그냥 보고만 있었다. 잠시 후 유모가 잠이 깨어 보니 벌써 도둑이 좋은 물건을 다 집어가고 아무 것도 없었다.

93 난처한 일 떠넘기기

어떤 노파가 나무 밑에 앉아 쉬고 있는데 난데없이 곰 한 마리가 덤벼들었다. 노파는 얼른 일어나 나무 뒤로 달아났다.

곰은 한쪽 손으로 나무를 붙잡고, 또 한쪽 손으로는 노파를 잡으려 했다. 노파는 살짝 옆으로 도망을 치듯이 하면서 곰이 두 손으로 나무를 껴안도록 했다. 그리고는 잽싸게 곰의 두 팔을 꼭 눌러서 꼼짝 못하게 만들었다.

그때 나그네 한 사람이 그 옆으로 지나갔다. 노파가 그에게 말했다.

"여보시게, 내가 지금 이 곰을 잡으려고 하네. 이렇게 곰을 꼼짝 못하게 나무에 묶어 두었으니 이제 우리 둘이 힘을 합쳐 곰을 잡아 고기를 나누세."

나그네는 노파의 말을 듣고 귀가 솔깃해졌다. 잘하면 맛있는 곰 고기를 싫도록 먹을 수 있을 것 같았다. 그는 노파가 시키는 대로 나무를 안고 있는 곰의 두 손을 대신 꼬

옥 눌러 주었다. 그러자 노파는 얼른 곰에게
서 손을 떼고 멀리 달아났다. 나그네는 노파
가 잡고 있던 곰의 두 손을 뗄 수도 없고 그
대로 잡고 있을 수도 없는 난처한 상황에서
그냥 곰의 두 손을 꼭 누르고 있을 수밖에
없었다.

94 간음하다가 맞아 죽은 사나이

한 사나이가 있었다. 어쩌다 그는 남의 아
내와 깊은 관계를 맺게 되었다. 그날도 사나
이는 아무도 몰래 정부의 집으로 찾아 들어
갔다. 두 남녀는 이내 벌거숭이가 되어 정사
(情事)를 벌였다. 그러나 꼬리가 길면 밟힌다
고 그날따라 일을 나갔던 정부의 남편이 일

찍 돌아왔다. 그는 자기집 침실에서 외간남
자와 아내가 못된 짓을 하는 것을 알고 격분
했다. 그는 아내의 정부를 죽이려고 문 밖에
서 나오기를 기다렸다.

"큰일났어요. 우리 남편이 알고 밖에서
당신을 죽이려고 기다리고 있어요. 당신이
살길은 오직 저 마니를 통해서만 밖으로 나
갈 수 있어요."

'마니'란 그 나라 말로 '수챗구멍'이란 뜻
이었다. 그런데 그는 마니를 마니주(마니주)
로 잘못 알아들었다.

"마니? 마니주를 찾으란 말이지. 그것을
찾아야 살아 나갈 수 있단 말이지."

그는 허둥지둥 마니주를 찾으려 했다. 그
사이 그 여자의 남편이 뛰어들어 아내와 통
정을 한 그를 몽둥이로 사정없이 때려서 죽

이고 말았다.

95 수비둘기의 오해

　비둘기 한 쌍이 있었다. 비둘기 부부는 가을이 되자 잘 익은 과일을 물어다가 둥우리에 가득 채웠다. 겨울 동안 바깥출입도 어렵고, 양식 구하기도 어려울 것 같아 미리 식량을 준비해 놓은 것이었다.

　그런데 며칠이 지나자 이상한 일이 생겼다. 둥우리에 가득 채워 두었던 식량이 어느 틈엔가 바짝 말라서 반으로 줄어들었다. 이를 본 수컷이 화를 내면서 말했다.

　"이 과일을 모으느라고 얼마나 애를 썼는데 당신 혼자 먹으면 어떻게 해. 겨울이 되면 또 무엇을 먹고살겠다는 거야!"

암컷은 억울했다.

"나는 절대로 먹지 않았어요. 저절로 줄
어들었어요."

암컷의 변명에 수컷은 더욱 화가 났다.

"이 앙큼한 도둑년. 네가 먹어 치우지 않
았다면 내가 먹었단 말이냐. 왜 먹고도 먹지
않았다고 거짓말을 하는가?"

수컷은 화를 참지 못하고 주둥이로 암컷
을 쪼아 죽였다.

며칠이 지나서였다. 갑자기 늦가을 비가
내렸다. 바짝 말라 비틀어졌던 과일이 다시
불어나 전과 같이 둥우리에 가득해졌다. 그
때서야 수컷은 자기의 잘못을 깨달았다.

"여보, 내가 잘못했소. 지금 당신은 어디
에 있소? 다시 살아서 나에게로 돌아와 주

시오."

그렇지만 한번 죽은 암컷이 다시 살아 돌아올 수는 없었다. 수비둘기는 홀아비가 되어 쓸쓸하게 살아갔다.

96 자기 눈을 멀게 한 사람

조각을 잘하는 장인(匠人)이 있었다. 그는 기술이 뛰어났기 때문에 궁중에 불려가 여러 가지 일을 했다.

궁중의 일은 하루도 쉴 틈이 없었다. 자유도 없었고 몸도 고단해 견딜 수 없었다. 그는 궁리 끝에 한 가지 꾀를 냈다.

"대왕이시여, 저는 이제 더 이상 조각가로서 일할 수 없게 되었습니다. 어제 일을

하다가 눈을 다쳐 그만 실명(失明)을 하였습
니다."

왕은 그가 거짓으로 장님 노릇을 하는 줄
모르고 그렇다면 이제 쓸모가 없으니 궁중
을 떠나도 좋다고 허락했다.

함께 일하던 목수가 이를 보고 흉내를 냈
다. 그는 조각가가 거짓으로 장님 행세를 한
줄 모르고 실제로 자기의 두 눈을 송곳으로
찔러 장님이 되었다.

"대왕이시여. 저도 두 눈이 멀었습니다.
밖으로 내보내 주소서."

왕은 그에게도 궁중에서 나갈 수 있도록
허락했다. 그가 궁 밖으로 나오자 사람들이
말했다.

"이 사람아, 두 눈이 장님이 돼서 밖으로
나오면 어찌하는가. 이제부터 자네는 평생

토록 고생만 하게 생겼네."

97 배신자의 말로

두 사람이 길벗이 되어 거친 들판을 건너
가고 있었다. 그들은 금을 다루는 세공사들
로 봇짐 속에 적지 않은 금을 가지고 있었
다.

얼마쯤 길을 가다가 도둑을 만났다. 금 세
공사는 빨리 숲 속에 숨었으나 그와 함께 가
던 사람은 그만 도둑에게 잡혀 봇짐은 물론
이고, 입고 있던 비단옷마저 빼앗겼다.

옷을 빼앗긴 사람은 일찍이 그 옷 속에 금
전 한 닢을 감추어 두었다. 그래서 그는 도
적에게 말했다.

"이 옷은 금전 한 닢에 해당되는 옷이다. 내가 너희에게 금전 한 닢을 구해 줄 테니 이 옷과 바꾸자."

"금전 한 닢? 좋다. 바꾸자. 그 돈은 어디에 있는가?"

"바로 이 옷소매 끝에 있다."

그는 옷소매를 뜯어서 도둑에게 주면서 이렇게 덧붙였다.

"바로 이것이 순금이다. 내 말이 믿어지지 않으면 저쪽 숲 속에 금 세공사가 숨어 있으니 그에게 물어 보아라."

도둑들은 좋아라하며 숲 속으로 가서 숨어 있던 금 세공사를 찾아내서 그의 봇짐과 보물마저 빼앗았다. 물론 비단옷도 돌려주지 않고 가져갔다.

98 어리석은 자의 책임

어떤 어린아이가 놀다가 큰 거북이 한 마리를 잡았다. 아이는 문득 친구네 집 벽에 걸려 있던 박제가 생각났다.

'옳지, 나도 이 거북이를 죽여서 박제를 만들어야지. 그러면 그 친구도 나를 무시하지 못할 거야.'

그러나 아이는 거북이를 죽이는 방법을 몰랐다. 마침 그때 어떤 아저씨가 아이 옆으로 지나갔다. 아이는 그에게 물었다.

"아저씨. 어떻게 해야 이 거북이를 죽일 수 있어요? 아저씨가 좀 가르쳐주세요."

"응, 그거야 간단하지. 물에 빠뜨려서 죽이면 된단다."

아이는 그 아저씨의 말을 믿고 거북이를

물속에 던졌다. 그러나 이게 어찌된 일인가. 물속으로 던져진 거북이는 죽기는커녕 유유히 헤엄을 치면서 바다 가운데로 도망치는 것이 아닌가.

　아이는 남의 말을 잘못 믿다가 거북이만 놓치고 말았다.